AF315799

RÉPUBLIQUE

ou

DESPOTISME

PAR

ÉDOUARD DE SONNIER

CONSEILLER GÉNÉRAL DE LOIR-ET-CHER

Prix : 50 centimes

PARIS

ERNEST LEROUX, ÉDITEUR

48, RUE BONAPARTE, 48

1876

IMPRIMERIE EUGÈNE HEUTTE ET Cⁱᵉ, A SAINT-GERMAIN.

RÉPUBLIQUE

ou

DESPOTISME

PAR

ÉDOUARD DE SONNIER

CONSEILLER GÉNÉRAL DE LOIR-ET-CHER

PARIS

ERNEST LEROUX, ÉDITEUR

48, RUE BONAPARTE, 48

1876

INTRODUCTION

La République et les partis monarchiques.

A s'en tenir aux apparences, rarement la Nation française a été en proie à des divisions plus profondes.

La République est énergiquement soutenue par la plupart des supériorités intellectuelles du pays et par une démocratie laborieuse qui chaque jour grandit en instruction, en richesse et en influence. Rien n'a pu arrêter ses progrès et une majorité considérable lui est dès à présent acquise ; elle domine dans un grand nombre de conseils généraux et dans les conseils municipaux des villes et des communes les plus importantes. Depuis le mois de juillet 1871, sur 170 élections partielles dans 70 départements, elle a fait nommer 120 de ses candidats à l'Assemblée nationale et elle est aujourd'hui le gouvernement légal de la France. Les républicains n'ont d'ailleurs eu qu'une pensée : la conciliation ; ils ont épuisé toutes les concessions pour faciliter la transition et rallier le pays tout entier.

Cependant un parti dont l'influence va décroissant, a voué à la République une haine aussi implacable que peu justifiée ; contre elle, contre tous ceux qui la soutiennent, les violences et les calomnies de ses journaux n'ont pas connu de bornes, et ses hommes d'Etat ont mis en œuvre tous les moyens qu'eux-mêmes avaient naguère jugé les plus coupables : Ils ont, en pleine paix publique, maintenu 40 départements en état de siége et institué un gouvernement de combat contre leurs concitoyens ; ils ont supprimé des journaux, changé les maires choisis par les communes, donné toutes les fonctions publiques aux ennemis de la République, usé de l'arbitraire sous toutes ses formes.

Cette conduite, si contraire à la politique de conciliation que la Nation réclame, n'a guère servi ceux qui l'ont pratiquée. Malheureusement elle a accru des divisions qui se seraient peu à peu éteintes, et la scission est devenue telle entre les deux partis qu'ils forment comme deux sociétés au sein de la société française.

Une telle situation est grave assurément ; pourtant, en l'étudiant avec calme, on reconnaît bientôt que ces divisions, si ardentes dans le monde politique et dans les anciennes classes privilégiées, s'atténuent à mesure qu'on pénètre dans la masse laborieuse de la population. Là, si les mêmes dissentiments se manifestent encore, ils ne tiennent plus à des contrariétés d'intérêts ou à des rivalités d'ambition, mais seulement à des préjugés, au défaut d'instruction, à des influences qui s'imposent, et la grande majorité accepte en réalité tous les principes essentiels de la République. — Il ne sera point inutile de faire une démonstration si rassurante pour l'avenir de notre pays.

Pourquoi un certain parti se montre-t-il si hostile au gouvernement que la majorité du pays a fondé et que sa situation lui impose ?

On répète souvent que les ennemis de la République se divisent eux-mêmes en trois groupes, légitimistes, orléanistes, bonapartistes, qui se détestent entre eux et qui pourtant se sont souvent coalisés contre la République, sauf à livrer la France à la guerre civile et à s'en disputer les débris. Mais il s'en faut de beaucoup que tous les monarchistes appartiennent absolument à l'un ou à l'autre de ces partis.

Sans doute, les dynasties ont chacune leur clientèle particulière : la légitimité a d'abord son personnel à part, peu influent mais haut placé ; c'est la vieille noblesse qui regarde le roi comme son chef et qui ne sépare point sa cause de celle des Bourbons.

Puis des traditions de famille, des amitiés personnelles, l'ambition du pouvoir et des places, des intérêts engagés, l'espoir de disposer du budget, entraînent un certain nombre d'hommes dans les rangs de tel ou tel parti monarchique. Mais combien sont-ils ?

Qu'on y ajoute des particuliers clair-semés qui ont conçu pour l'une ou l'autre des monarchies un attachement qu'ils ne raisonnent pas, et on aura le personnel complet des partis dynastiques.

A quel chiffre s'élève-il ? Combien y a-t-il de sujets français, — le titre de citoyens pourrait les blesser, — que leurs convictions ou leurs intérêts lient à une des familles qui aspirent à régner ?

Veut-on qu'il y en ait cent mille ou deux cent mille ? C'est dans la nation une infime minorité.

La majorité des ennemis de la République n'a pas de parti pris dynastique. Il est intéressant d'étudier les éléments dont elle se compose.

Tout d'abord se présentent les cléricaux, c'est-à-dire ceux qui, transportant leur religion hors de son domaine, veulent en faire la loi de l'État. Pour eux, la seule règle de la vérité c'est la foi, la science doit s'incliner devant elle, la liberté est chose impie et qu'il faut proscrire, et les maximes du Syllabus doivent être le code de la société civile. Leur vrai souverain est à Rome, pourtant il en faut un autre ; plusieurs font du droit monarchique un article additionnel de leur crédo, mais pour le gros du parti, le choix du maître est accessoire, pourvu qu'il exerce une autorité absolue sous la haute direction de l'Église.

Combien sont-ils ces revenants du moyen âge, un petit nombre assurément ; si le sentiment religieux reste puissant de nos jours, le temps de l'intolérance est grâce à Dieu passé.

Des intérêts mal entendus ou des terreurs qui ne raisonnent pas, inspirent le reste du parti de la réaction : en première ligne viennent tous ceux qui ont à conserver des places, une influence, des priviléges qu'ils croient menacés par la démocratie, toute cette partie de la bourgeoisie restée fidèle à la politique de M. Guizot qui, en 1848, refusait toute extension du droit de suffrage, et à qui la leçon des événements n'a rien appris. A côté d'elle se placent quelques paysans enrichis, mais généralement dépourvus d'instruction qui ne peuvent comprendre que leur fortune ne leur assure pas la suprématie dans leur commune. Enfin cette foule de gens dont les jouissances matérielles sont le seul idéal, la République leur fait peur, le seul nom de liberté les trouble, ils n'ont que deux mots à la bouche, autorité et compression, et ne voient de salut que dans la dictature. Ne leur dites pas que le despotisme nous a toujours conduits aux catastrophes, ils ne songent guère à l'avenir ; voltairiens au fond, ils ne voient dans le prêtre qu'un commissaire de police de l'ordre moral, et ils lui livreraient, sans les comprendre, les principes mêmes de la société moderne. D'ail leurs, ils n'ont d'affection pour personne; orléanisme ou césarisme, peu leur importe; au besoin ils accepteraient la monarchie de droit divin. Le seul régime qui leur inspire confiance, c'est la force.

Chacune des monarchies n'ayant qu'un nombre très-restreint de partisans, cherche à se rallier le gros du parti réactionnaire qui ne tient particulièrement à aucune d'elles. Toutes les trois si elles arrivaient au pouvoir auraient les mêmes appuis, et seraient obligées de servir les mêmes passions et les mêmes intérêts. C'est pour cela peut-être que leurs partisans se coalisent malgré les haines qu'ils se portent.

Ces divers genres de monarchistes, attachés ou non à une dynastie, et qui se sont appelés entre eux *les gens de bien* et *les honnêtes gens de l'ordre moral*, forment la fraction intransigeante du parti ; bien naïf celui qui tenterait de les convaincre ! A eux tous, combien sont-ils ? Cinq ou six cent mille électeurs peut-être. Veut-on un million ? Ce ne serait qu'un dixième du pays.

Les passions qui les agitent sont étrangères au reste de la nation ; leurs idées, leurs intérêts, les points de vue auxquels ils se placent les en séparent, et ils seraient réduits à une impuissance absolue si une partie du pays ne les suivait, sans s'apercevoir qu'elle n'a rien de commun avec eux.

C'est à cette partie du pays que nous nous adressons : Entre elle et la majorité qui soutient la République, n'y aurait-il pas plus de préventions et de mal entendus que d'hostilité réelle d'opinion.

Pénétrons dans une petite ville, dans une commune rurale, où les deux partis, propriétaires, cultivateurs, commerçants, ouvriers, sont en contact permanent; ils ont les mêmes intérêts, pourquoi n'auraient-ils pas tout un fond commun et d'opinions et d'idées ? Oublions donc un instant ce qui les divise, pour voir ce qui les rapproche ; laissons de côté les politiciens du parti monarchique et les gens qui ont des préjugés ou des intérêts à part, et recherchons quelles sont les idées communes à la grande majorité de la population éclairée et laborieuse de la France.

ce qui les rapproche ; laissons de côté les politiciens du parti monarchique et les gens qui ont des préjugés ou des intérêts à part, et recherchons quelles sont les idées communes à la grande majorité de la population éclairée et laborieuse de la France.

RÉPUBLIQUE

ou

DESPOTISME

I

Opinions générales de la Nation.

Les prétendus hommes d'État des partis monarchiques répètent souvent que la grande majorité de la nation, des paysans surtout, n'a point d'opinion politique, et qu'elle suit le gouvernement quel qu'il soit. Ils en concluent qu'il leur suffit de s'emparer du pouvoir n'importe comment et de nommer des préfets et des maires pour que la majorité leur soit acquise. Il n'est point d'erreur plus dangereuse. Cette masse qu'on croit inerte et qu'on dédaigne, elle a un fond latent d'opinions très-arrêtées, elle soutient volontiers le gouvernement qui paraît les servir, mais quiconque les menace devient bientôt son ennemi.

Essayons de faire ici l'analyse de ces idées.

En premier lieu, LA PAIX ET L'ORDRE. Mais ces deux mots n'ont pas seulement le sens banal qu'on leur prête.

La Paix. — Cela signifie qu'on ne jettera point la nation dans une nouvelle guerre sans une nécessité bien reconnue par elle. On se souvient du plébiscite qui donnait à l'Empereur le droit de faire la guerre à son gré ; on ne veut plus que la sécurité du pays dépende du caprice d'un homme.

L'Ordre. — Ce n'est pas seulement la tranquilité matérielle, c'est la paix intérieure. On ne veut pas être troublé par l'émeute, mais on ne veut pas l'être non plus par des intrigues monarchiques, par des administrations de combat, par des entrepreneurs de miracles ; on n'admet pas que des intérêts de parti soient placés au-dessus de l'intérêt public, qu'ils troublent le commerce et arrêtent les affaires.

L'Égalité. — C'est-à-dire une loi commune appliquée avec intégrité et des droits égaux pour chaque citoyen. Point de privilèges ni de faveurs. L'égalité suppose d'ailleurs une certaine liberté, sans laquelle elle ne serait que l'asservissement sous un même joug.

La domination aristocratique et cléricale inspire surtout au peuple une aversion profonde en raison des souvenirs qu'elle lui rappelle. A toutes les époques de notre histoire, il a eu la noblesse pour adversaire, soit qu'il luttât contre la féodalité avec l'aide de la monarchie, soit qu'il défendît ses franchises communales contre la monarchie soutenue par la noblesse, soit qu'il poursuivît la conquête de l'égalité civile. Pendant la Révolution, la noblesse a tiré l'épée contre la France à Coblentz et dans la Vendée. Aujourd'hui elle a perdu tous ses priviléges, les haines de classes se sont, grâce à Dieu apaisées, et nul ne doit chercher à les faire revivre. Malheureusement la plupart des nobles et quelques grands propriétaires devenus leurs alliés, loin de comprendre les besoins du temps et d'accepter les conditions d'existence de la France moderne, restent attachés aux traditions monarchiques et cléricales, et professent sur presque tous les points les idées les plus arriérées. Le peuple s'inquiète donc quand il voit le gouvernement leur prêter son appui pour assurer leur domination locale, pour soutenir leurs candidatures, pour restaurer leur influence qui menace tous les principes auxquels il est le plus attaché.

Quant au cléricalisme, on ne le confond pas avec la religion. Tout le monde veut que le prêtre soit respecté dans son église, mais ce qu'on ne peut souffrir, c'est qu'il prétende diriger la commune, qu'il dénonce ceux qui ne pratiquent pas, qu'il attaque les lois, qu'il intervienne dans les élections et qu'il joue un rôle politique.

Liberté de conscience et d'opinion. — Aucune liberté n'a été conquise au prix de plus grands efforts et n'a plus profondément pénétré dans nos mœurs. L'opinion publique exige aujourd'hui que les croyances religieuses soient entourées d'un respect absolu et que chacun soit libre d'exercer son culte ou même de n'en pratiquer aucun. L'intolérance cléricale et le souvenir des guerres de religion qu'elle a allumées font horreur.

Une certaine tolérance est également imposée par l'opinion aux animosités des partis. On veut que l'homme qui respecte la loi soit lui-même respecté, quelles que soient ses idées politiques. Tous les honnêtes gens réprouvent les proscriptions de l'empire et les mesures arbitraires qui violent la justice en prenant pour prétexte la raison d'Etat.

Liberté individuelle. — Cette liberté n'est que la conséquence des idées que nous venons d'exposer : Elle consiste en ceci qu'aucun citoyen ne peut être arrêté ni poursuivi que dans les cas prévus par la loi et suivant les formes qu'elle détermine.

L'autorité contenue dans de justes limites. Les fonctionnaires responsables. — On veut que l'autorité soit respectée, mais non qu'elle nous asservisse ; les fonctionnaires sont des citoyens préposés à un service public, on n'entend pas qu'ils deviennent des seigneurs et fassent de nous leurs vassaux, qu'ils s'inspirent de mobiles étrangers à l'intérêt général et qu'ils considèrent la satisfaction des besoins publics comme des faveurs dont ils disposent à leur gré.

Les fonctionnaires doivent donc être responsables. S'ils ne l'étaient pas, leur pouvoir serait sans bornes, puisqu'ils pourraient impunément violer la loi.

Liberté de la Commune. — On trouve toujours mauvais que le gouvernement intervienne dans les détails de la vie communale, qu'il prétende les régenter et y introduire la politique. L'immense majorité, dans les villes comme dans les campagnes, voudrait que le Maire fût nommé par le Conseil municipal. Le Maire choisi par le Préfet parce qu'il est sa créature et pris en dehors des élus de la Commune, semble plutôt un commissaire de police qu'un maire. La plupart du temps il ne tient aucun compte du Conseil municipal, souvent il entre en lutte avec lui et devient un petit despote. Le gouvernement qui l'a nommé en est responsable, et au lieu de paraître le modérateur des partis, il semble le promoteur des discordes locales. Les gouvernements ne savent pas quelle popularité ils se feraient en laissant les Communes s'administrer en paix, et en renonçant à faire de leurs Maires des agents politiques.

Liberté des élections. — Aucun homme honnête, à moins d'être aveuglé par la passion, n'admet qu'on porte atteinte à la sincérité de l'élection. Les menaces, les fausses promesses, les fausses nouvelles, les fraudes dans le scrutin, manœuvres ordinaires de la candidature officielle, soulèvent une réprobation unanime; non seulement elles altèrent l'expression de la volonté nationale, mais elles rendent l'autorité méprisable et corrompent la nation. Le simple particulier se dit qu'il peut bien employer pour le succès de ses affaires les moyens dont les fonctionnaires publics et les grands personnages usent sans scrupule pour conquérir des places et des honneurs, et l'élection devient ainsi l'école de la démoralisation publique.

La candidature officielle qui a toujours été inséparable de ces pratiques, a d'ailleurs sa source dans une coupable usurpation. Le nombreux personnel des services publics n'appartient qu'à l'Etat. Or, l'Etat c'est la société elle-même, il comprend tous les partis, il peut être dirigé tour à tour par des hommes d'opinions différentes, qui ne sont que ses gérants et non ses maîtres. Le pouvoir est une fonction publique que la majorité de la nation confère; de quel droit, celui qui occupe cette fonction le jour de l'élection prétend-il donc obliger les agents de l'Etat à peser sur la volonté nationale dans son intérêt particulier?

Liberté de la presse. — La masse de la nation s'intéresse peut-être moins ouvertement à la liberté de la presse; mais ceux-là mêmes qui se plaignent de ses abus, s'indignent souvent dès qu'on la supprime.

C'est que la liberté de la presse n'est pas seulement celle des écrivains, elle est celle de la nation; elle seule crée la publicité, et la publicité est la grande protectrice de tous les intérêts et de tous les droits. C'est elle qui instruit le pays de ses affaires, qui permet à l'opiniou publique de se former et de juger la conduite du gouvernement.

Mais si utiles que soient les discussions politiques, ce serait une grande erreur d'apprécier la presse à ce seul point de vue. Le chef de l'Etat et les ministres n'exercent pas par eux-mêmes la millième partie de leur autorité : ce sont les préfets, les maires, des fonctionnaires de tout ordre qui l'exercent en leur nom. La presse les surveille et empêche que l'autorité dont ils sont investis ne dégénère en tyrannie locale; elle renseigne le gouvernement sur leur conduite, elle appelle l'opinion publique à défendre le simple particulier victime d'un acte arbitraire. C'est au faible surtout que la liberté profite : plus un homme a besoin d'appui, plus il doit ardemment invoquer cette solidarité que crée le sentiment du droit.

Enfin, la publicité libre est aujourd'hui la condition nécessaire de la sécurité des affaires. La presse discute les entreprises finaucières, les compagnies industrielles où tant d'intérêts sont engagés. Les commerçants d'ailleurs ont besoin d'être exactement renseignés sur l'état général du marché et sur la situation politique de tous les pays. La liberté prévient la fraude; le journal qui donnerait de faux renseignements serait à l'instant démenti par tous les autres. Mais supprimez la liberté, les discussions des journaux et leurs nouvelles sont livrées aux calculs intéressés de ceux dont ils dépendent.

Instruction publique. — Un grand développement de l'enseignement public est impérieusement réclamé. Autrefois l'instruction semblait un luxe réservé aux gens de loisir. Aujourd'hui, on en ressent le besoin dans tous les actes de la vie, dans tout travail, dans toute industrie, on voit en elle l'une des sources principales de la richesse du pays ; la dernière guerre nous a prouvé qu'elle était la condition nécessaire de sa sécurité.

Plus les fonctions qu'un citoyen est appelé à remplir sont importantes, plus on doit exiger de lui de capacité et de connaissances acquises. Mais pour faire des choix éclairés, il faut que les électeurs le soient. Aussi tout le monde comprend qu'avec le suffrage universel, l'instruction est un intérêt public de premier ordre, et on s'accorde généralement à demander que l'enseignement primaire soit obligatoire et gratuit.

On veut d'ailleurs que l'enseignement soit libre. On n'admet point que le clergé s'en empare. Tout le monde sait qu'il professe les maximes du Syllabus qui sont la négation de tous les principes de notre société, et que, suivant lui, la science n'aurait le droit de rien découvrir qui fût contraire aux traditions de l'Église. On se rappelle, par exemple, que Galilée faillit être brûlé pour avoir dit le premier que la terre tourne autour du soleil. Le prêtre parle au nom d'une autorité qui se prétend infaillible, il impose ce qu'il dit, on ne peut pas le discuter. La science au contraire donne la raison de toutes choses, elle vit de discussion et fortifie l'intelligence en l'obligeant à se rendre compte de tout ce qu'elle admet. La science et la foi sont donc placées à des points de vue tout différents. Au prêtre appartient l'enseignement religieux, mais il ne doit point exercer une inquisition sur l'enseignement des écoles laïques.

Ces principes doivent recevoir leur application même dans la commune ; on demande généralement que la situation de l'instituteur soit relevée et rendue plus indépendante.

Vote et répartition des impôts, contrôle des dépenses publiques. — Tout le monde veut que les impôts soient consentis librement par les mandataires de la nation ; qu'ils soient le moins lourds possible et répartis d'une façon équitable, que les objets les plus nécessaires à la vie soient autant que possible dégrevés, que le produit des impôts ne soit appliqué qu'à des dépenses d'une utilité reconnue, que le budget de l'Etat soit soumis à un contrôle rigoureux.

Nous avons essayé de traduire fidèlement les idées et les raisonnements que des commerçants, des cultivateurs, des paysans même, ont souvent émis devant nous. A coup sûr, plus d'un point essentiel manque à ce programme ; nous ne chercherons pas à l'étendre afin que nul ne le conteste parmi les gens de bonne foi que les préjugés ou l'intérêt de parti n'aveugle pas.

Pourtant, si restreint qu'il soit, ce programme ne serait point accepté par ceux que nous avons nommés les monarchistes intransigeants ; il froisse directement les idées de beaucoup d'entre eux et d'ailleurs les politiciens du parti et tous ceux qui prétendent imposer leur influence, n'admettent point que les conseils municipaux nomment leurs maires. Ils veulent autant que possible et au moyen de l'état de siége, se réserver le droit de supprimer les journaux qui les combattent, et ils regardent la candidature officielle comme leur ancre de salut ; sur tous les autres points ils soutiendraient leurs amis, les cléricaux notamment, pour s'assurer leur appui.

Une divergence considérable d'opinions et d'intérêts se manifeste donc entre les vrais monarchistes et la partie désintéressée de la nation qui a jusqu'ici suivi inconsciemment leur politique.

II

La liberté et le gouvernement.

Nous venons de voir quelles sont les idées communes à la grande majorité du pays, à la population laborieuse des campagnes comme à celle des villes ; ces idées forment en quelque sorte le fond des opinions politiques de la société française..

Mais la grande majorité qui les professe s'est-elle jamais demandée si leur application sincère n'était pas liée à certaines institutions politiques qui en seraient à la fois la conséquence et la garantie.

En aucune façon. Sous l'impression passagère des événements, on s'éprend soudain d'un gouvernement ou d'un homme, il semble qu'il ne peut manquer de réaliser tout ce qu'on pense et tout ce qu'on espère. On l'installe ; puis on s'aperçoit bientôt qu'il ne répond en rien à ce qu'on attendait de lui. La masse se détache de son idole et laisse libre carrière à l'opposition qui la brise, sans grande lutte, le plus souvent. — Depuis près d'un siècle, ces renversements ont été périodiques, aucun gouvernement n'a pu durer vingt ans.

Ne serait-ce pas qu'au lieu d'accorder ainsi sa confiance à crédit à toutes sortes de gouvernements de forme différente, il faudrait rechercher d'abord quel est le gouvernement qui peut nous assurer les biens qui nous sont chers. Cette question qui aurait évité tant de révolutions, il y a longtemps que le pays se la serait posée, si l'éducation politique était ce qu'elle devrait être, et si l'on avait seulement enseigné dans les colléges quelques notions de droit public; mais les gouvernements monarchiques n'avaient garde de le faire, les républicains n'ont guère occupé le pouvoir même sous la République, et peut-être aussi ont-ils cru trop longtemps que la proclamation de quelques grands principes suffisait à résoudre toutes les difficultés.

Aussi les classes lettrées, à part un petit nombre d'hommes qui ont fait des études spéciales, n'ont pas en France une instruction politique très-supérieure à celle du peuple. Qui dira jamais les maux que cette ignorance nous a causés, les cruelles duperies dont nous avons été victimes et les erreurs de toutes sortes, professées, jusque dans les chambres législatives, par des hommes qui avaient parfois occupé de hautes fonctions, mais dont l'incompétence politique et économique n'avaient d'égale que la présomption.

On nous pardonnera cette digression en raison de l'importance de la question qu'elle soulève. Reprenons le cours des idées très-simples que cet écrit cherche à mettre en lumière.

La France veut une certaine somme de liberté. — On peut différer sur la mesure. — Nous avons essayé de définir celle que tout le monde réclame.

Un gouvernement quelconque peut-il assurer cette liberté au pays?

Prenons deux exemples opposés :

Supposons d'abord que le programme sur lequel tout le monde est d'accord soit réalisé : Chacun est libre dans ses opinions et dans son culte, tout abus de pouvoir est réprimé, les communes s'administrent librement, aucune pression ne s'exerce dans les élections, l'ordre règne dans les finances, l'instruction est répandue...

Croit-on que le pays étant en possession de ce régime, le gouvernement pourrait de son côté être investi d'une autorité sans limites, et par exemple être le maître de faire les lois et de diriger la politique à son gré ? En aucune façon, car les députés étant élus librement seront indépendants du pouvoir, ils ne souffriront point qu'on impose au pays des lois qu'il désapprouve ni qu'on suive une politique dangereuse. D'ailleurs l'opinion publique aura mille moyens de se faire écouter.

Donc toute liberté que les citoyens possèdent, a pour conséquence une limitation des pouvoirs du gouvernement.

Prenons maintenant l'hypothèse opposée : Supposons un gouvernement investi de tous les pouvoirs. La nation pourra-t-elle acquérir ou conserver la liberté que nous venons de décrire?

Non certainement : le gouvernement n'étant point obligé d'obéir à la volonté de la nation, voudra, à un certain moment, faire des lois ou suivre une politique condamnées par l'opinion publique. Les députés protesteront, la lutte s'engagera, et alors, ou le gouvernement supprimera la chambre, ou il s'efforcera de l'annuler et de la corrompre. Mais pour être maître des députés, il faut l'être des électeurs; il faut en même temps imposer silence aux réclamations de l'opinion.

Dès lors l'intimidation et la fraude dominent les élections, les maires sont transformés en agents politiques, la presse est asservie, les fonctionnaires exercent une autorité sans contrôle, les cléricaux dont il faut obtenir l'appui deviennent tout puissants, le budget sert à payer des dépenses qu'on n'avoue pas, l'arbitraire et le désordre vont croissant et si, malgré tout, le peuple pense à sa liberté perdue, on lui donne la guerre pour diversion. Puis un jour le châtiment arrive, c'est la révolution ou l'invasion.

Voilà l'inévitable pente où se trouve entraîné tout pouvoir sans limites.

On voit donc qu'il existe une corrélation étroite entre la liberté des citoyens, leur tranquillité, leur fortune et les pouvoirs dont le gouvernement est investi et qu'aucun particulier ne peut être assuré de ses intérêts les plus chers, si la nation elle-même n'est maîtresse de sa législation et de sa politique.

Mais quelles sont les institutions qui peuvent donner à la nation cette possession d'elle-même?

III

Principes des gouvernements libres.

Il ne s'agit point ici de faire un cours de droit public,

moins encore d'exposer des opinions particulières, mais seulement de rappeler quelques grands principes communs à tous les gouvernements libres, sans entrer dans les détails de l'organisation politique.

Ces principes sont au nombre de trois :

1° Représentation nationale,
2° Séparation des pouvoirs.
3° Responsabilité de tous les dépositaires de l'autorité politique.

Représentation nationale

Tous les citoyens ne pouvant s'assembler pour délibérer ensemble, élisent pour un temps limité, des mandataires qui forment la représentation nationale. Suivant le pays et la constitution, elle ne comprend qu'une seule assemblée ou se divise en deux chambres élues dans des conditions différentes. Les diverses régions du pays, ses divers intérêts se trouvent ainsi mis en présence par leurs représentants; toutes les lois, toutes les grandes questions de politique ou d'administration sont discutées publiquement et les électeurs sont les témoins et les juges en dernier ressort de ces débats dont la presse leur porte le compte-rendu; ils apprécient les discours et les votes de leurs députés, et, le jour de l'élection venu, ils leur continuent ou leur retirent leur confiance.

La représentation nationale exerce d'abord le pouvoir législatif, c'est-à-dire celui de faire les lois nouvelles et d'abroger les anciennes.

Si elle n'avait pas ce pouvoir, la nation ne serait plus maîtresse de sa législation, on pourrait lui imposer des lois qu'elle repousse ou qui supprimeraient ses droits. Elle ne serait plus libre.

La représentation nationale vote le budget de l'Etat, aucun impôt ne peut être perçu, aucune dépense ne peut être engagée sans son consentement.

S'il en était autrement, la fortune des particuliers serait à la merci du gouvernement qui pourrait les grever à *miséricorde* et *merci*; c'était le droit que Louis XIV s'attribuait sur les biens des roturiers. La propriété n'aurait plus de garantie.

Enfin, la haute direction politique, tant à l'intérieur qu'à l'extérieur, appartient à la représentation nationale.

Nous avons déjà vu que c'est là une condition essentielle de la liberté et de la sécurité publiques. Il faut en effet que la nation ne puisse être engagée dans une guerre ou dans des expéditions lointaines, qu'on ne puisse céder une partie du territoire français, ni annexer un territoire étranger, ni faire des traités de commerce qui changent les conditions de l'industrie, sans le consentement de la représentation nationale. Elle a le droit de demander au gouvernement de lui rendre compte de sa politique et de l'obliger à en changer si elle la trouve dangereuse ou contraire aux intérêts du pays.

De même à l'intérieur, la représentation nationale autorise les grandes entreprises d'intérêt public, surveille la marche générale de l'administration et empêche qu'on ne lui donne une direction contraire à l'opinion publique. Elle peut demander compte aux ministres de tous les actes des fonctionnaires placés sous leurs ordres.

Remarquons d'ailleurs que tous ces grands sujets,

vote des lois et du budget, direction générale de la politique intérieure et etrangère, ne peuvent être bien traités que dans une assemblée nombreuse où tous les intérêts sont représentés et où des hommes éclairés et d'opinions différentes apportent dans la délibération, leurs idées, leur expérience, leurs aptitudes diverses.

Division des pouvoirs

A côté de cette fonction législative et régulatrice qu' embrasse les intérêts de la société dans leur ensemble' il en est une autre bien distincte qui consiste à appliquer les lois, à pourvoir aux besoins publics suivant les règles qu'elles ont tracées, à traiter les affaires publiques dans tous les détails qu'elles comportent, c'est celle du pouvoir exécutif; pour être bien remplie, elle exige l'unité des vues et la rapidité de l'action, par conséquent un personnel dirigeant peu nombreux ayant sous ses ordres des agents hiérarchisés.

Le pouvoir exécutif assure la sécurité de l'Etat au dehors en organisant les forces de la nation; il la représente vis-a-vis des nations étrangères. A l'intérieur, il veille au maintien de l'ordre public, prépare des mesures financières, des projets de loi, des projets de grands travaux qu'il soumet aux Chambres, il organise tous les services publics et nomme à tous les emplois qui en dépendent. — On désigne souvent sous le nom de gouvernement cette partie supérieure de l'administration, bien que dans son sens véritable, le mot gouvernement comprenne l'ensemble des pouvoirs de l'Etat.

A l'aide des services publics, le pouvoir exécutif exerce une sorte d'intendance générale de la société et prend toutes les mesures d'intérêt collectif qui constituent l'administration proprement dite.

Mais il ne suffit pas que le législateur ait fait les lois, que le pouvoir exécutif ait imprimé le mouvement aux services publics ; des difficultés surgissent chaque jour entre les particuliers ou entre un particulier et l'administration, des crimes sont commis, des infractions plus ou moins graves à la loi portent atteinte à l'ordre public. Le jugement des contestations privées et des poursuites criminelles, l'application de la loi civile et de la loi pénale, constituent une troisième fonction, celle de l'autorité judiciaire.

C'est un principe invariable de tous les gouvernements libres que les trois fonctions que nous venons de définir ne doivent jamais être réunies dans les mêmes mains. C'est ce qu'on appelle la séparation des pouvoirs. — Sous la République, il serait plus exact de dire, la séparation des fonctions.

Quelques observations suffisent à justifier ce principe.

Si le fonctionnaire qui applique la loi avait en même temps le droit de la faire, en face des difficultés et des résistances parfois légitimes qu'il rencontre, il ferait une loi qui lui permettrait de les briser, et bientôt il n'y aurait plus d'autre règle que sa volonté.

S'il avait le droit de juger, son autorité ne trouverait de borne que dans l'interprétation qu'il lui plairait de donner à la loi.

Si le juge avait le pouvoir législatif, il jugerait à son gré, sous l'impression des circonstances particulières à chaque affaire et sans principe fixe ; il serait le maître absolu de la liberté et de la fortune des citoyens qui ne sauraient plus à l'avance ce qui serait défendu et ce qui serait permis.

Toute confusion de pouvoirs, où, ce qui revient au

même, l'asservissement de l'un des pouvoirs à l'autre aurait donc pour effet de substituer l'arbitraire à ces règles invariables de justice qui seules méritent le nom de lois et qui doivent être édictées loin des conflits que leur application soulève.

Toutefois le pouvoir exécutif et le pouvoir judiciaire, bien qu'indépendants, ne sont vis-à-vis du législateur que des pouvoirs subordonnés, ils sont tenus comme les simples particuliers d'obéir à ses décisions et ne peuvent agir et juger que conformément aux lois qu'il a faites.

Responsabilité de tous les dépositaires de l'autorité publique

Il n'y a ni liberté ni sécurité pour personne si tous ceux qui exercent le pouvoir, à quelque degré que ce soit, ne sont pas responsable de l'usage qu'ils en font.

Cela paraît évident puisque celui qui n'est pas responsable peut faire tout ce qu'il veut, même violer la loi. Quelques explications sont cependant nécessaires; il existe en effet deux sortes de responsabilités bien distinctes.

La première est la responsabilité judiciaire, elle incombe à tout homme qui se rend coupable d'un délit ou qui par sa faute cause un dommage à autrui, et celui qui abuse des pouvoirs que lui donne une fonction publique pour commettre un acte de ce genre, doit, comme le simple particulier, en répondre devant les tribunaux. Il n'en est pas ainsi dans les gouvernements despotiques, où l'on s'arrange pour que le fonctionnaire ait toujours raison; cela s'appelle imprimer le respect de l'autorité. Mais dans les pays libres, on trouve au contraire que c'est le moyen de rendre l'autorité méprisable, et on recherche simplement qui a raison du fonctionnaire ou du citoyen qui réclame.

Toute autre est la responsabilité politique, il ne s'agit plus ici de la violation des lois, mais de l'obligation où se trouvent tous ceux qui remplissent un mandat ou une fonction politique de se conformer à la volonté du mandant, c'est'à-dire de la nation de qui tous les pouvoirs émanent.

Pour les députés, cette responsabilité s'exerce dans les élections qui les soumettent à des époques fixes au jugement de leurs électeurs.

A leur tour, les membres du gouvernement sont responsables devant la représentation nationale. Voyons de quelle manière.

Voici par exemple des ministres dont l'incapacité compromet les affaires de l'Etat, ou qui obéissent à des tendances que l'opinion publique réprouve, ou qui engagent la diplomatie dans des voies dangereuses. Ils essayent de défendre leur politique devant la représentation nationale qui la condamne. Le gouvernement doit obéir à cette décision, autrement il se placerait au-dessus de la volonté de la nation et deviendrait coupable. Mais d'autre part les ministres ne sauraient se faire les représentants d'une politique contraire à la leur ; ils se retirent et sont remplacés par d'autres ministres dont les opinions sont conformes à celles de la majorité.

Telle est la responsabilité politique; après avoir créé l'accord entre la nation et les Chambres, elle l'établit entre celles-ci et le gouvernement.

IV

Comment on trompe le peuple. — Le plébiscite. La Constitution de 1852.

Certaines gens diront peut-être : A quoi bon ces théories? La réponse est facile : la théorie n'est que l'ensemble des règles que la science et l'expérience ont consacrées et les ignorants seuls sont assez présomptueux pour dédaigner ses enseignements; mais nous allons montrer immédiatement l'utilité pratique des principes bien simples que nous venons d'exposer.

Il est des hommes d'affaires de mauvais aloi qui font des actes frauduleux, par exemple, des actes de société qui dépouillent les actionnaires. Les gens qui connaissent le droit ne s'y laissent pas prendre, ils aperçoivent de suite le but et la portée de certaines clauses, mais trop souvent le public l'apprend à ses dépens lorsqu'il a tout perdu. Les choses se passent de même en politique; là aussi, il ne manque pas de charlatans qui éblouissent le peuple par de beaux programmes et qui devenus les maîtres, font le contraire de ce qu'ils semblaient promettre.

Eh bien, quelques notions de droit public suffisent souvent pour éviter ces tromperies.

Par exemple elles dévoilent immédiatement quel mensonge grossier se cache sous l'appel au peuple par voie de plébiscite, qui est devenu le mot d'ordre d'un certain parti.

Nous ne rappellerons pas de quelle façon l'Empire pratiquait ses prétendus appels au peuple, la pression administrative, tous les fonctionnaires en campagne, tous les citoyens dont on redoutait l'influence, arrêtés ou proscrits en 1851 et 1852, des complots fantastiques dévoilés à la veille du scrutin en 1870, toutes les corruptions et toutes les fraudes. — C'est en lui même que nous voulons considérer le plébisciste.

Nous venons d'établir qu'un peuple ne peut être assuré de sa sécurité, de sa liberté, de ses intérêts les plus précieux, s'il ne reste le maître de sa législation et de sa politique. Dès lors les questions les plus importantes dans une constitution, sont de savoir qui aura le pouvoir de faire les lois, de décider de la paix ou de la guerre, à qui appartiendra la direction politique, qui votera les impôts, les dépenses, les grandes entreprises, comment seront organisées la représentation nationale et la responsabilité du pouvoir exécutif... Le choix du chef de l'État, si important qu'il soit, n'a qu'un intérêt secondaire pour un peuple qui veut garder la direction de ses destinées.

Le plébiscite pose à la nation une question unique, l'aliénation de tous ses droits entre les mains d'un chef qui se trouve investi d'un pouvoir absolu. Vainement les Chambres, s'il en était encore, voudraient-elles fixer des limites ou des règles à son autorité, il répondrait : Le peuple m'a nommé sans condition.

Le plébiscite n'est donc qu'un piége tendu à la liberté publique par un parti qui veut la confisquer à son profit. On affecte un grand respect pour le suffrage universel, on proclame bien haut que le peuple est souverain, mais on lui fait transmettre à perpétuité sa souveraineté à un empereur qui se met en son lieu et place. Le lendemain du plébiscite, il ne peut plus être question pour la nation d'exercer un seul de ses droits, c'est l'empereur qui les exerce pour elle, sa volonté est devenue la volonté nationale ; au nom de cette volonté il nomme des maires dont les communes ne veulent pas, impose silence à qui le contredit, supprime la liberté électorale, fait la guerre quand il lui plaît... Ce régime s'appelle le césarisme, c'est l'exploitation de la démocratie, il n'est point de pire despotisme.

Souvent, il est vrai, l'auteur du plébiscite, pour donner à l'opinion publique une satisfaction illusoire, lui soumet ce qu'il appelle les bases d'une constitution. C'est ce que Louis Napoléon fit en décembre 1851.

Ces bases, celui qui les propose les combine de façon à rester maître de faire ce qu'il voudra. Pour en apprécier la vraie portée, une certaine instruction serait nécessaire, mais elles ne sont point soumises aux discussions d'une Chambre qui pourrait éclairer le pays. D'ailleurs on a pris soin de les rédiger en termes séduisants pour la grande majorité de la nation qui ignore le droit public [1].

Prenons pour exemple le plébiscite dont nous venons de parler, celui qui suivit le coup de nuit du 2 décembre. Cette étude montrera mieux encore combien il est nécessaire aux électeurs de connaître les principes essentiels des gouvernements libres.

Le plébiscite était ainsi conçu :

---

[1]. Il faut remarquer d'ailleurs que dans le plébiscite la question n'est jamais posée sincèrement. Le peuple n'a pas à vrai dire le choix entre le oui et le non, car on fait peser une incertitude redoutable sur les conséquences d'un vote négatif.

Le peuple veut le maintien de l'autorité de Louis Napoléon Bonaparte et lui délègue les pouvoirs nécessaires
pour faire une Constitution sur les bases proposées dans
sa proclamation du 2 décembre.

Ces bases étaient les suivantes :

Un chef responsable nommé pour 10 ans ;

Un an après, l'Empire était rétabli.

Des ministres dépendant du pouvoir exécutif seul ;
Un Conseil d'État formé des hommes les plus distingués, préparant les lois et en soutenant la discussion
devant le Corps législatif ;
Un Corps législatif discutant et votant les lois, nommé
par le suffrage universel, sans scrutin de liste qui fausse
l'élection ; .
Une seconde Assemblée formée de toutes les illustrations
du pays, pouvoir pondérateur, gardien du pacte fondamental et des libertés publiques. »

Le peuple ayant répondu oui, Louis-Napoléon pro-
mulgua, le 14 janvier 1852, la constitution dérisoire
qu'il avait faite [1].

1. Un membre éminent du Parlement d'Angleterre, M. Kinglake
a, dans un livre remarquable, écrit l'histoire du 2 décembre ; nous
en extrayons quelques passages où il retrace le portrait du prince
Louis Napoléon et apprécie son œuvre :
« Bien des hommes avant lui s'étaient laissés aller à faire de la
politique astucieuse. Un plus grand nombre travaillant dans des
sphères plus humbles, avaient employé l'artifice et la ruse dans les
combats qui se livrent devant les cours de justice. Mais aucun
homme de notre temps, si ce n'est le prince Louis Bonaparte,
n'avait passé les heures d'une jeunesse studieuse et la fleur de l'âge
viril à combiner les moyens d'appliquer le stratagème à la science
du droit public.

Reprenons maintenant une à une les bases du plébiscite.

1º Un chef responsable.

Pour qu'un homme soit responsable il faut deux
conditions : qu'il y ait un juge chargé de prononcer et
quelqu'un qui puisse l'appeler devant le juge.

Aujourd'hui, par exemple, les ministres sont responsables, parce que chaque député peut leur demander compte de leur politique et que la Chambre a le
droit de la juger.

Mais voici comment Louis-Napoléon avait organisé
sa responsabilité dans l'art. 5 de sa constitution :

« L'empereur est responsable devant le peuple français, auquel il a toujours le droit de faire appel. »

Or, le peuple ne pouvait s'assembler que sur un dé-
cret de l'empereur, et ne pouvait voter que sur les
questions qu'il plaisait à l'empereur de lui poser.

... Une fois résolu à paraître sur la scène comme prétendant au
trône impérial, il devait calculer et rechercher les moyens de poser
sans résistance, au beau milieu de ce siècle, le rude joug des Bonapartes de 1804 sur les épaules de la France. Or la France étant
une nation européenne et le joug étant en réalité de la nature de
ceux que les Tartares inventent pour les Chinois, il s'ensuivait qu'on
ne pouvait l'adapter qu'au moyen de la fourberie...

Pendant des années, le prince suivit cette étrange vocation, et
quand ses études furent terminées, il était devenu très-adroit.
Longtemps avant de pouvoir appliquer sa science tortueuse, il avait
appris à rédiger une Constitution qui paraîtrait décréter une chose
et en fait en ordonnerait une autre. Il s'entendait à mettre le mo
« jury » dans les lois qui volaient aux hommes leur liberté. Il étai)
versé dans l'art de tendre le piége qu'il appelait « suffrage universel. » Il savait comment on étrangle une nation dans l'ombre de la
nuit, avec un instrument nommé « plébiscite. » (Kinglake, invasion
de la Crimée, traduction de M. Karcher, tome Iᵉʳ, chap. 14.)

C'est absolument comme si un malfaiteur disait : Je pourrai soumettre mes actes à la cour d'assises, si cela me plaît un jour, mais j'aurai seul le droit de la convoquer et de lui poser les questions que je voudrai.

L'article dit donc en réalité le contraire de ce qu'il paraît dire, il fait luire devant la nation l'apparence d'une responsabilité qui n'existe pas. Son véritable sens c'est que l'empereur ne sera pas responsable devant les chambres et que par conséquent il ne le sera pas du tout.

2° Des ministres dépendant du pouvoir exécutif seul.

Sous tous les gouvernements absolus, les ministres ne dépendent que du souverain. Le sens réel de l'article, c'est que les ministres ne seront pas responsables devant la représentation nationale qui ne pourra point contrôler la politique du gouvernement.

Dès lors personne n'est responsable.

Les simples fonctionnaires sont eux-mêmes protégés par le fameux art. 75 de la constitution de l'an VIII qui, grâce à Dieu, est aujourd'hui abrogé.

C'est le despotisme le plus complet.

3° Un Conseil d'État *formé des hommes les plus distingués...*

Les deux choses essentielles sont les seules qu'on ne dit pas : Qui nommera ce conseil, quels seront ses pouvoirs ?

Le conseil d'État fut nommé par l'empereur et il tenait en échec le Corps législatif qui ne pouvait délibérer sur un amendement proposé à un projet de loi, sans que le conseil d'État l'eût approuvé.

4° Un Corps législatif discutant et votant les lois...

On eût pu croire que le Corps législatif aurait des attributions assez étendues, mais quand la constitution les eut organisées, il se trouva qu'il n'avait pas même le droit de nommer son président, ni de publier le compte rendu de ses séances autrement que par analyse, ni de recevoir une pétition, ni de proposer une loi nouvelle, ni d'abroger une loi ancienne, ni de demander au gouvernement des explications sur sa politique, ni de discuter la constitution, ni de se prononcer sur les grands travaux d'utilité publique ; qu'en outre il était obligé de voter le budget non par chapitres et par articles, mais par ministères, ce qui rendait à peu près impossible de réduire une seule dépense, que ses membres devaient prêter serment à l'empereur. — Qu'on ajoute la candidature officielle et l'on saura ce qu'était le Corps législatif de l'empire.

5° Une seconde Assemblée *formée de toutes les illustrations du pays*, pouvoir pondérateur, gardien du pacte fondamental et des libertés publiques.

Cette seconde Assemblée devint dans la constitution de l'homme de décembre, un Sénat nommé par lui et formé de ses créatures. De pouvoir pondérateur il ne pouvait en être question, puisque l'empereur avait tous les pouvoirs et le Corps législatif aucun. Quant aux libertés publiques, il n'y en avait point à garder, et le Sénat ne fit qu'applaudir aux lois de transportation et qu'encourager les folies de l'Empire.

Voilà quelle espèce de constitution peut sortir d'un plébiscite impérial. Malheureusement la nation n'avait en 1851-52 ni le sang-froid, ni la liberté, ni l'instruction nécessaires pour voir le piége qu'on lui tendait. L'expérience seule lui fit sentir les chaînes dont on l'avait chargée, mais elle ne reprit possession d'elle-même que lorsque, après avoir subi toutes les hontes, elle fut jetée sanglante et mutilée sous les pieds de l'étranger.

Ce serait une dangereuse illusion de croire que le peuple pourrait être appelé à prononcer par voie de plébiscite entre la République, la Monarchie et l'Empire. Quelle République, quelle Monarchie, quel Empire aurait-on le lendemain ? Qui déterminerait la nature des pouvoirs publics, leurs attributions, les droits des citoyens ? Une constitution est une œuvre complexe où tout s'enchaîne, c'est un pacte qui fixe les droits et les obligations des gouvernants et des gouvernés ; on ne saurait en détacher un article pour le soumettre au vote populaire. Il ne pourrait sortir d'un tel plébiscite qu'un souverain absolu ou une démocratie sans limites [1].

Sous la première République, la Convention soumit, il est vrai, aux assemblées primaires, la Constitution de 1793 et ensuite celle de l'an III. Mais ces constitutions étaient complètes, arrêtées dans tous leurs articles, les citoyens étaient appelés à se prononcer librement sur un ensemble qu'ils pouvaient apprécier dans ses détails ; et si la convention eut recours au plébiscite, c'est que, en face d'une situation terrible, de la guerre étrangère, de la guerre civile, des complots royalistes, il lui fallait affirmer son accord avec la nation.

Mais au point de vue des principes, le véritable appel au peuple c'est l'élection libre d'une Assem-

---

1. Demander un plébiscite, c'est d'ailleurs attaquer ouvertement la Constitution qui n'admet, en aucun cas, cette façon de consulter e pays.

blée nationale où chaque citoyen a le droit d'interroger les candidats sur toutes les questions qui le touchent et de faire dépendre son vote de l'intérêt qu'il attache à telle ou telle question. Dans une telle élection, la nation n'aliène point ses droits, elle nomme des mandataires qu'elle se réserve le droit de juger.

V

La République, la monarchie constitutionnelle.

Nous avons vu quels sont les principes essentiels de tous les gouvernements libres. La France, qui leur avait donné en 1789 leur plus haute expression, les a trop longtemps oubliés. Mais l'expérience a prouvé qu'en dehors d'eux, on ne peut rien fonder de durable, et soit qu'on les ait reniés, soit qu'on ait tenté des transactions impossibles, on a conduit le pays tour à tour à la révolution, au despotisme, à l'invasion.

Ces principes trouvent dans la République leur consécration complète et logique. Tout le monde sait ce qu'est la République : elle peut être organisée de manières différentes, la représentation nationale peut comprendre une ou deux assemblées, le pouvoir exécutif peut être confié à un seul homme ou à un conseil, mais dans tous les cas, ceux qui exercent ce pouvoir ne sont que les premiers fonctionnaires de la nation, élus à temps et responsables devant les assemblées qui la représentent.

Il est cependant une autre forme de gouvernement où les principes que nous avons exposés reçoivent une application plus ou moins étendue, c'est la Monarchie constitutionnelle ou parlementaire, sous laquelle l'Angleterre a réalisé, sinon l'égalité que nous possédons, au moins une liberté dont nous n'avons joui que trop rarement.

Un certain nombre de personnes, peu au courant des questions politiques, gardent encore l'espoir de voir la monarchie constitutionnelle se rétablir en France et nous assurer une liberté dont ils sentent le prix et la stabilité qui résulte à leurs yeux de l'hérédité monarchique. Cette illusion les empêche de se rallier à la République et les rejette vers des partis qui n'ont rien de commun avec eux. Il importe de la dissiper.

Tout d'abord l'établissement d'une monarchie est en lui-même une atteinte grave aux droits de la nation ; il équivaut en effet à l'interdiction perpétuelle de choisir le chef de l'Etat et crée dans le domaine politique un contrat qui serait nul devant la loi civile, puisqu'il constitue d'abord un mandat irrévocable, puis l'aliénation de la liberté des générations présentes, et de celle des générations à venir dont nul n'a le droit de disposer.

Ce serait le cas de rappeler la maxime célèbre : Il n'y a pas de droit contre le droit.

Cette restriction en amène d'autres que d'ingénieuses combinaisons s'efforcent d'atténuer.

Une première question se présente.

Dans un pays libre, le gouvernement étant une fonction publique, comment a-t-on pu concilier la monarchie avec la responsabilité qui s'attache à cette fonction et qui la fait nécessairement changer de mains ?

On déclare le souverain irresponsable, mais cette

déclaration ne serait qu'une fiction impuissante si elle n'était l'expression d'une réalité.

Or tout homme qui fait un acte en est responsable; si le roi donne un ordre, prend une décision, les conséquences en retombent sur lui quoi qu'on fasse. Action et responsabilité sont deux choses qu'aucune puissance humaine ne saurait séparer.

Pour rester irresponsable, le roi ne doit donc avoir aucune action politique. C'est ce qu'on exprime par la maxime célèbre : le roi règne et ne gouverne pas.

Le pouvoir exécutif appartient au roi, mais ce sont les ministres qui l'exercent en son nom; ils sont non-seulement responsables de tous les actes du gouvernement mais chargés de couvrir la couronne, c'est-à-dire d'empêcher toute intervention qu'elle pourrait tenter dans les affaires publiques. Aucun acte du roi ne peut avoir d'effet, s'il n'est contresigné par un ministre.

Le roi participe également à la puissance législative; il a le droit d'initiative, c'est-à-dire celui de proposer des lois aux chambres, et la sanction ou le veto, c'est-à-dire le pouvoir d'accorder ou de refuser son approbation aux lois qu'elles ont votées.

C'est là assurément une nouvelle restriction à la souveraineté de la nation; toutefois, dans un gouvernement parlementaire bien établi, le droit de veto ne trouve guère à s'exercer; il est inutile si l'une des deux chambres repousse la loi; si elles l'acceptent toutes deux, le roi est presque toujours impuissant à refuser sa sanction.

A quoi donc sert le roi et qu'est-ce que régner sans gouverner?

Dans un pays aristocratique comme l'Angleterre, le rôle de la couronne s'explique facilement, elle exerce une sorte de pouvoir mixte et pondérateur entre la

Chambre des Lords, formée de pairs héréditaires qui représentent une aristocratie puissante, et la Chambre des communes élue par des collèges électoraux qui sont loin encore du suffrage universel. Il n'y a guère en présence que deux grands partis, l'un qui poursuit les réformes, l'autre qui maintient les traditions du passé. Aucun d'eux ne songe à renverser la dynastie. Un conflit d'opinions vient-il à surgir, la lutte s'établit entre les pairs et les communes ; la couronne n'intervient que pour concilier. La Chambre héréditaire exagère-t-elle la résistance, le roi nomme de nouveaux pairs qui changent la majorité. La Chambre des communes lui semble-t-elle trop exigeante, il la dissout et en appelle aux électeurs dont la volonté prévaut toujours avec le temps. Le roi s'attache ainsi à maintenir l'équilibre entre les deux autres pouvoirs sans intervenir dans les questions qui les divisent.

Telle est la monarchie constitutionnelle ; et tout d'abord on conçoit combien ce mécanisme délicat peut être aisément altéré ou brisé. Pour qu'il reste intact, il faut des princes qui, renonçant à leurs opinions personnelles, sachent rester spectateurs impassibles des luttes des partis, des ministres qui ne consentent jamais à se faire les instruments déguisés de la politique personnelle d'un roi, des partis politiques qui ne soient point tentés d'appeler à leur aide l'influence de la couronne, un peuple enfin jaloux de ses droits, mais respectueux de l'hérédité monarchique, et qui sache traverser avec calme les crises inévitables que subissent toutes les institutions humaines.

La France présente tous les éléments contraires.

VI

La monarchie constitutionnelle n'est plus possible en France.

Nous venons de voir comment la monarchie parlementaire fonctionne dans le pays où elle est le plus anciennement établie et le plus sincèrement pratiquée. Pourrait-elle subsister dans des conditions toutes différentes, au milieu de la démocratie française ?

Le publiciste le plus éminent et le plus libéral que ce système de gouvernement ait trouvé chez nous, Benjamin Constant, écrivait il y a 60 ans :

Dans une Monarchie héréditaire, l'hérédité d'une classe est indispensable. Il est impossible de concevoir comment dans un pays où toute distinction de naissance serait rejetée, on conserverait ce privilége pour la transmission la plus importante, pour celle de la fonction qui intéresse le plus essentiellement le repos et la vie des citoyens. Pour que le gouvernement d'un seul subsiste sans classe intermédiaire, il faut que ce soit un pur despotisme. Tout peut aller plus ou moins longtemps avec le despotisme qui n'est que la force, mais tout ce qui se maintient par le despotisme court ses chances, c'est-à-dire est menacé d'un renversement. Les éléments du gouvernement d'un seul, sans classe héréditaire, sont un homme qui commande, des soldats qui exécutent, un peuple qui obéit. Pour donner d'autres appuis à la Monarchie, il faut un corps intermédiaire. Montesquieu l'exige même dans la Monarchie élective. Partout où vous placez un seul homme à un tel degré d'élévation, il faut, si vous voulez le dispenser d'être toujours le glaive en main, l'entourer d'autres hommes qui aient un intérêt à le défendre.

Rétablir une aristocratie au milieu de la société française dont la démocratie s'est rendue maîtresse, supprimer l'égalité civile et politique en face du suffrage universel, c'est un rêve qui ne se discute pas. Mais certaines personnes se figurent qu'une Chambre haute ou un Sénat formés de membres nommés par le roi pourrait servir de contrepoids à la Chambre élective et assurer le jeu régulier de la monarchie constitutionnelle.

C'est se faire une grande illusion sur les conditions du gouvernement qu'on voudrait fonder.

Une chambre nommée par le roi et et dont les membres sembleraient ses fonctionnaires n'aurait d'autre puissance que celle qu'elle lui emprunterait. Le roi serait responsable des votes qu'elle émettrait, des discours même qui pourraient s'y tenir ; il porterait tout le poids de cette institution impopulaire.

Il faut, dit encore Benjamin Constant, que les pairs prennent aux yeux du peuple un autre caractère que celui de simples délégués de la couronne. Vouloir deux Chambres, l'une nommée par le roi, l'autre par le peuple, c'est mettre en présence les deux pouvoirs entre lesquels précisément il faut un intermédiaire, je veux dire celui du roi et celui du peuple.

L'expérience, dont on fait si peu de cas, devrait cependant nous servir quelquefois de leçon. A quoi a servi à la restauration l'exhumation d'une prairie héréditaire, vaine représentation d'une aristocratie qui n'existait plus que de nom ? Quelle force les deux Napoléon et Louis-Philippe ont-ils trouvée dans leur pairie et leur sénat nommés par eux ? Ces chambres sans mandat sont restées sans pouvoir, elles ont été un grief pour le pays qui se demandait de quel droit elles prétendaient faire ses lois et diriger sa politique, et le jour de la crise, elles ont disparu d'elles-mêmes, sans que la dynastie y cherchât un appui, sans que l'insurrection s'en occupât.

C'est qu'il n'y a rien d'arbitraire dans l'organisation politique et qu'on ne peut pas plus donner la vie à une institution factice avec un article de loi, qu'on ne peut imprimer une valeur à une monnaie fausse en y mettant l'effigie de l'État.

L'élection seule donne aujourd'hui la puissance, et l'élection ce n'est plus un petit nombre de privilégiés, c'est la nation tout entière exprimant sa volonté[1]. Quelle serait la situation d'un roi placé seul et sans intermédiaires en face d'assemblées investies de la force immense du suffrage universel ! Obéir, céder sans cesse, prouver chaque jour son inutilité, ou bien conspirer contre les institutions, s'efforcer de corrompre la Chambre et de fausser les élections.

C'est que Montesquieu et Benjamin Constant ont raison : Un trône ne peut se soutenir qu'à l'appui d'une aristocratie. Quand tous les priviléges de naissance ont disparu, quand tous les pouvoirs émanent de la nation, que toutes les fonctions publiques sont tempo-

---

1. L'Assemblée de Versailles, s'efforçant de donner à la République les institutions les plus conservatrices, a institué un Sénat nommé par les conseillers généraux et d'arrondissement et par un délégué de chaque conseil municipal, sans tenir compte de l'importance des communes. Cette combinaison, en plaçant sur le terrain politique l'élection municipale du moindre village, pourrait bien, dans un avenir prochain, ruiner les influences locales qu'elle devait protéger.

raires et amovibles, il n'est point possible que la fonction suprême soit seule héréditaire.

Nous avons voulu nous placer au point de vue des défenseurs de la monarchie constitutionnelle. — Voilà les conclusions auxquelles ils sont conduits.

Les républicains raisonnent plus simplement : Quand le peuple est souverain, il ne saurait y en avoir un autre. La République est le seul gouvernement possible d'une démocratie.

Après avoir considéré l'état social du pays, veut-on interroger la situation des partis?

C'était sur la bourgeoisie que la monarchie constitutionnelle s'appuyait en France.

Fille de ce tiers état qui a fondé la société civile et fait la grande révolution de 1789, la bourgeoisie n'avait pu supporter ni le despotisme de Napoléon Ier, ni les influences aristocratiques et cléricales qui dominaient sous la restauration. La révolution de 1830 l'avait rendue maîtresse du gouvernement et il semblait qu'elle dût garder longtemps la direction politique du pays en développant les institutions qu'elle avait fondées.

Mais dès les premières années du gouvernement de Juillet, une division que le temps devait accentuer de plus en plus, se fit dans ses rangs. Tandis qu'une partie de la bourgeoisie restait fidèle à ses traditions libérales, l'autre partie comprenant la plupart des hauts fonctionnaires de l'État, se persuada que du moment où elle occupait le pouvoir, la nation n'avait plus rien à désirer, et elle forma ce parti soi-disant conservateur dont l'aveuglement nous fut si funeste.

Chez les autres nations, en Angleterre par exemple, le parti conservateur sait accepter à temps et parfois réaliser lui-même les réformes que le progrès de la société et des idées a rendues nécessaires.

En France le parti qui a pris bien à tort ce nom de *conservateur* et qu'on appelait naguère *le parti des satisfaits*, n'a jamais eu qu'un principe, résistance et compression.

La bourgeoisie soi-disant conservatrice que dirigeaient le roi Louis-Philippe et ses ministres, refuse toute extension du droit de suffrage, même l'adjonction des capacités; elle amène ainsi la révolution de 1848. Saisie de terreur en face du suffrage universel et de la République, loin de chercher à leur donner une direction régulière, elle se jette dans cette réaction violente qui amène l'empire et qui conduit la France du 2 Décembre à Sedan. En 1871, à peine délivrée de l'invasion, elle reprend cette politique néfaste que l'expérience n'a jamais éclairée. Elle pouvait en acceptant la République, en tendant la main aux nouvelles couches sociales qu'elle avait précédées dans la vie politique, garder longtemps encore une part considérable dans la direction des affaires. C'est de ses ennemis qu'elle recherche l'appui. Oubliant des luttes séculaires elle se jette dans les bras de la vieille noblesse et des ultramontains pour tuer avec eux la République. Elle renverse l'homme illustre qui venait de relever la France, M. Thiers, le chef des vrais conservateurs français. Avec ses nouveaux alliés cléricaux et légitimistes, le centre droit institue un gouvernement de combat contre les républicains, et tous ensemble ils essayent de restaurer la vieille monarchie légitime, au milieu du pays qui s'indigne.

A mesure que la coalition *soi-disant conservatrice honnête et d'ordre moral*, avançait dans ces voies impopulaires, elle voyait toutes les élections législatives et locales tourner de plus en plus contre elle; mais bien

loin de se rapprocher du pays par des lois libérales,
elle en concluait qu'il fallait resserrer les freins de l'autorité et elle plagiait toutes les pratiques de l'empire
qu'elle avait autrefois condamnées, maintien de l'é-
tat de siége, suppression de journaux, préfets de combat, maires choisis en dehors des conseils municipaux... Elle s'est ainsi aliénée définitivement le pays,
et on peut dire qu'elle a perdu son influence par les
moyens même qu'elle employait pour la garder de force.

Cependant l'autre fraction des partisans de la monarchie parlementaire, formée d'hommes qui étaient
restés sincèrement attachés aux idées libérales, s'indi-
gnait en voyant dans quelles voies s'engageaient ses an-
ciens amis, les hommes du centre droit. Elle comprit ce
que serait une monarchie rétablie et soutenue par les
gens de l'ordre moral, et à quelles influences le roi
servirait d'instrument. Elle se dit que la République
seule pouvait désormais sauver la liberté et la paix
publique et qu'il fallait choisir entre elle et la dictature ; et peu à peu, les amis éclairés de la monarchie
constitutionnelle, les députés du centre gauche, vinrent
à la République, ils trouvèrent dans les républicains
de la veille des hommes honnêtes, éclairés, empressés
de faciliter les transitions ; leurs préventions s'effacè-
rent et ils devinrent à leur tour des républicains con-
vaincus.

La monarchie constitutionnelle avait perdu les seuls
hommes et le seul parti qui la rattachaient encore à la
France moderne.

Si la situation sociale de la France et l'état des partis
politiques rendent désormais impossible la monarchie parlementaire, il se trouve encore qu'aucune des
trois dynasties qui ont régné en France ne saurait
fournir un souverain constitutionnel.

Le chef des deux branches des Bourbons a dit assez haut ce qu'il est et ce qu'il veut : pour lui, la nation n'a aucun droit, et le peu de liberté qu'il lui laisserait, serait une concession de sa part. Le roi est, par la grâce de Dieu, le maître absolu; ses principes sont ceux du Syllabus et il ne doit pas craindre d'employer la force au profit du droit monarchique et de la religion d'État; la France doit renier 1789 et pour qu'aucun doute ne puisse subsister, il faut qu'elle abandonne son propre drapeau pour arborer celui du roi, le drapeau blanc, emblème de l'ancien régime.

Les Bonaparte semblent partir du principe opposé; mais la souveraineté nationale, dont ils parlent sans cesse, n'est pour eux qu'une sorte de droit divin d'en bas qui crée le même pouvoir que le droit divin d'en haut. Le peuple est souverain pour proclamer l'Empire; mais cela fait, il n'a plus le droit d'exprimer une opinion, de choisir un maire, de faire une loi, d'empêcher la guerre, et c'est lui-même, assure-t-il, qui s'est interdit tout cela, puisque l'empereur le représente et que la volonté de l'empereur c'est la volonté nationale.

Superstition d'un côté, mensonge de l'autre, la monarchie légitime et le césarisme aboutissent au même point. Ils sont les deux formes du despotisme, Auguste, Tibère, les deux Napoléon, n'étaient pas moins absolus que Louis XIV, le roi de droit divin.

Les Bonaparte représentent d'ailleurs les coups d'État, les serments trahis, les proscriptions, la loi foulée aux pieds, la représentation nationale violée. En face d'un Bonaparte, une Chambre se sent humiliée et inquiète, elle vit dans l'attente d'un guet-apens.

Le parti bonapartiste cherche à se donner de l'importance par le bruit qu'il fait. En réalité il est en pleine décomposition.

D'abord il ne représente aucun principe ni aucune politique; allié des cléricaux, flattant la démagogie, le seul but qu'il poursuit c'est la conquête du pouvoir et du budget. Aussi ne trouve-t-il, dans la partie éclairée de la nation, ni confiance ni affection, et le temps détache chaque jour les intérêts qui étaient engagés avec lui.

Tout ce qui avait refait après 1815, la popularité des Bonapartes, se retourne aujourd'hui contre eux. Napoléon Ier avait fatigué la France de son pouvoir absolu, il l'avait épuisée par ses guerres au point de la voir applaudir à sa chute, mais il laissait derrière lui une gloire et un prestige qui grandirent à mesure que s'éloignait le souvenir des souffrances publiques. S'il avait été un tyran, il était resté un patriote et le dernier défenseur du sol national.

Napoléon III rappelle les massacres et les proscriptions de décembre, un despotisme inhabile, un régime corrupteur, une politique sans loyauté, des spéculations véreuses, des désordres financiers de toute nature; il rappelle la patrie démembrée, les plus grands désastres et les plus grandes hontes que la France ait subis dans son histoire, souvenirs terribles dont l'amertume ira grandissant à mesure que l'image de la patrie dominera les intrigues des partis monarchiques.

Sous la Restauration, les bonapartistes avaient été les alliés des patriotes et des libéraux; ils avaient ainsi fait illusion au peuple qui croyait trouver en eux des défenseurs de ses droits.

Le règne de Napoléon III l'a cruellement détrompé et l'équivoque n'est plus possible. D'ailleurs les bonapartistes ont été dans les élections et à la Chambre les alliés des royalistes et des cléricaux; avec eux ils ont maintenu l'état de siége, établi le gouvernement de combat, enlevé aux communes le droit de choisir leurs maires, livré l'instruction supérieure au clergé. Il n'est pas une mesure de réaction dont ils n'aient été les complices. Ils ont déversé la calomnie sur tous ceux qui pendant la guerre avaient été les défenseurs du pays, sur tous ceux qui depuis la paix ont défendu sa liberté.

Un despotisme clérical et violent, soutenu par des royalistes sans conviction, voilà tout ce que l'Empire donnerait à la France. Quand de si terribles révélations peuvent surgir devant les générations nouvelles, il faut étouffer jusqu'à la pensée, enseigner une histoire écrite de certaine façon, avoir une morale à son usage, à laquelle les jésuites se chargent de donner la sanction divine, moyennant qu'on leur livre la société civile.

La monarchie de Juillet rappelle une oligarchie bourgeoise formée d'électeurs à 200 francs, hostile à la démocratie et n'ayant guère souci des classes laborieuses. Un gouvernement égoïste qui n'a jamais rien fait de grand.

L'établissement du suffrage universel semble reléguer ce souvenir dans un passé séculaire. Restait pourtant la légende plus ou moins vraie du roi Louis Philippe de 1830, libéral, voltairien et bourgeois. Les princes n'avaient jamais été populaires, mais ils n'avaient point laissé un mauvais renom. Après vingt-deux ans, ils étaient bien oubliés. A leur rentrée en France, l'attention se reporta un moment vers eux.

Ils allèrent se jeter dans les bras du comte de Chambord, reniant ainsi la révolution de 1830 et la seule tradition populaire de leur famille. A partir de ce moment, ils cessèrent de compter parmi les prétendants.

On les vit d'ailleurs réclamer leurs biens, au lendemain de nos désastres, avec un empressement qui fut remarqué, puis s'enrôler dans les rangs du centre droit et s'associer à tous les votes contraires à la liberté...· Cette conduite montre quel est le fond des opinions des princes d'Orléans, combien ils sont étrangers à la France moderne, et quel est l'aveuglement de leurs conseillers. Si jamais un de ces princes occupait le pouvoir à un titre quelconque, ce serait au profit de toutes les influences réactionnaires qu'il gouvernerait.

Ainsi des trois dynasties qui avaient des prétentions au trône, aucune n'a voulu et n'a pu promettre au pays un gouvernement libéral. Toutes trois s emblent avoir pris pour devise l'inscription que Dante a lue sur la porte de l'enfer : « Vous qui entrez, perdez toute espérance. »

C'est que toutes ont compris qu'il n'y a plus de. place en France pour une monarchie constitutionnelle. Les quelques hommes politiques restés fidèles quand même à cette forme de gouvernement ne savent plus à quel prince se vouer ni où trouver un appui dans la nation ; ils ne forment plus qu'un parti de salon ; les uns vivent de souvenirs et de regrets, les autres se consument en vaines intrigues.

|VII

Les gouvernements personnels.

Les partisans peu éclairés de l'autorité ne manqueront pas de dire : si la monarchie parlementaire n'est plus possible, tant mieux. C'est la liberté qui a perdu toutes les monarchies, ce qu'il faut c'est *un gouvernement fort.*

Voyons donc ce que sont devenus les gouvernements qu'ils ont eux-mêmes considérés comme les plus forts et de quelle façon ils sont tombés.

La première République avait donné à la France ses frontières naturelles du Rhin et des Alpes. Jamais la France n'avait été aussi grande, mais à aucun prix, elle ne devait sortir de ces limites, car c'était opprimer les nations étrangères.

Napoléon Ier renverse la République par trahison le 18 Brumaire; pour se faire pardonner son crime, pour maintenir son pouvoir absolu, il lui fallait la gloire qui seule fait oublier la liberté.

Napoléon entreprend de rétablir à son profit l'empire de Charlemagne, il engage la France dans des guerres sans fin où plus d'un million de Français périssent pour satisfaire son ambition! Il se fait roi d'Italie, nomme son frère Louis roi de Hollande, donne la Westphalie à Jérôme, l'Espagne à Joseph, place son beaurère Murat sur le trône de Naples. A la fin il soulève contre lui tous les gouvernements et tous les peuples de l'Europe qu'il opprime, et le jour où la victoire qui seule le soutenait, vient à lui manquer, la France épuisée et indignée d'une tyrannie qui l'avait sacrifiée à ses caprices, s'unit à ses vainqueurs pour prononcer la déchéance de l'homme fatal qui avait causé tant de maux [1].

Est-ce la liberté qui a renversé Napoléon Ier? — Jamais elle ne fut plus complètement étouffée.

La restauration relève tout ce qu'elle peut de l'ancien régime, elle institue une pairie héréditaire, soumet la presse à la censure, rétablit la religion d'État, livre la France aux émigrés et à la congrégation. Charles X enfin, brise de ses mains le pacte en vertu duquel il régnait. —Est-ce la liberté qui a renversé la restauration? Non, c'est un acte de justice du peuple défendant sa liberté contre un coup d'État.

Louis-Philippe, dès les premières années de son règne, s'efforce de réagir contre la révolution de 1830, il fait des lois contre la Presse, corrompt les élections, refuse toute extension du droit de suffrage ; bientôt ses ministres ne le couvrent plus, la politique personnelle du roi apparaît derrière M. Guizot. Le peuple qui veut la réforme électorale, brise l'obstacle et renverse du même coup le ministère et le trône. — Est-ce la liberté qui a perdu Louis-Philippe? Non, c'est l'aveugle obstination de ce monarque qui entre en lutte avec la nation.

Louis-Napoléon entreprend d'étouffer la liberté publique sous un système savamment combiné de despo-

1. La France a perdu, par le fait de Napoléon Ier, la Belgique, les provinces du Rhin, les places de Sarre-Louis et de Landeau, et plusieurs autres places fortes à l'entrée de la Belgique, c'est-à-dire toutes les conquêtes de la République et une partie de celles de Louis XIV.

tisme, de corruption et de mensonge. L'arbitraire, les désordres financiers, les spéculations honteuses, la guerre du Mexique, l'agrandissement de la Prusse après Sadowa lui aliènent peu à peu la nation qui veut reprendre la direction de ses affaires. L'empereur intraitable tant qu'il se croit le plus fort, cède dès qu'il se sent affaibli et menacé; il imagine à quelques mois de distance en 1869 et 1870, deux constitutions qu'il refuse de soumettre au Corps Législatif, seul représentant de la nation. Il fait décréter la première par son Sénat; la seconde devient le prétexte d'un plébiscite qui doit raffermir son trône. Mais Napoléon s'était réservé entre autres pouvoirs, le droit de paix et de guerre. Il en use aussitôt, et pour obtenir l'appui moral du pays, il le trompe par le récit mensonger d'une injure qui n'avait point été faite à l'ambassadeur français. On sait le reste, le trône de Napoléon s'écroule de lui-même, au milieu du mépris public, sans qu'un bras se lève pour le défendre, sans qu'une seule voix essaie de protester.

Est-ce la liberté qui a renversé Napoléon III ? Non, la liberté eût empêché la guerre et sauvé le pays.

Les événements ont été différents, mais la cause de la chute de tous ces gouvernements a été la même, ils ont voulu substituer la volonté d'un homme ou celle d'un parti à la volonté de la nation et ils ont été écrasés sous le poids de leur responsabilité.

Mais en dehors même de tout calcul égoïste, il est impossible qu'au milieu des intérêts complexes de la société moderne, un gouvernement ne commette pas des fautes; l'orgueil du pouvoir trouble aisément la raison la plus ferme, et plus ce pouvoir est étendu, plus ses égarements sont faciles et leurs conséquences funestes.

La stabilité du gouvernement et la sécurité publique ne doivent donc point dépendre d'un homme ou d'une dynastie; elle doivent être fondées sur des institutions, et les gouvernants doivent changer quand l'opinion publique l'exige sans que ces institutions soient ébranlées.

VIII

Ce que serait la monarchie.

La monarchie constitutionnelle n'étant plus possible, reste la monarchie plus ou moins absolue. On a vu qu'elle n'est point compatible avec des Chambres élues librement, il lui faudrait donc supprimer la représentation nationale, ou tout au moins l'annuler et la corrompre. Dès lors la politique est fatalement tracée, et les conditions d'existence sont les mêmes pour les trois dynasties.

C'est donc bien vainement qu'elles troublent le pays de leurs compétitions, qu'elles prétendent représenter des systèmes opposés et qu'elles se prodiguent les accusations les plus graves. Si elles arrivaient au pouvoir, elles établiraient à peu près le même régime et la force des choses les entraînerait d'ailleurs dans la même voie.

Sans doute l'entourage du roi serait différent, les principaux hommes d'État et les hauts fonctionnaires pourraient changer ; mais chaque dynastie, n'ayant qu'un nombre limité de partisans, serait obligée de s'appuyer sur tous les éléments du parti réactionnaire sans en négliger aucun. En effet, les Républicains n'ayant pas disparu, la monarchie, bourbonnienne ou bonapartiste, les trouverait devant elle, menaçants, pour se maintenir quelque temps, ce ne serait pas trop de réunir tous les ennemis de la République, et un gouvernement est toujours obligé de servir les intérêts et les passions de ceux qui le soutiennent.

Les Bourbons, et les Bonapartes, auraient donc également pour appuis :

1° Les cléricaux dont il faudrait satisfaire l'esprit d'envahissement.

2° La noblesse et un certain nombre de riches propriétaires qui font cause commune avec elle.

3° La partie réactionnaire de la bourgeoisie.

4° La partie la moins éclairée des campagnes qui se laisse trop souvent conduire par le clergé et par les châteaux.

Aux cléricaux, il faudrait le rétablissement de la religion d'État, le repos forcé du dimanche, le monopole de l'enseignement à tous les degrés, la censure ecclésiastique sur les livres et sur tous les écrits, l'abolition du mariage civil et de l'égalité des partages, le rétablissement des juridictions ecclésiastiques, la reconnaissance de tous les ordres religieux et de leur droit de propriété, c'est-à-dire le rétablissement de la main-morte... le tout en attendant mieux et par exemple la suppression de la liberté religieuse que Rome réclame déjà en Espagne.

La noblesse et la haute bourgeoisie réactionnaire voudraient d'abord un Sénat formé par elles, puis tout un ensemble de mesures qui établit leur domination locale, en leur livrant les mairies et les conseils généraux, et qui assurât leur élection à la Chambre des députés, s'il y en avait encore une.

La bourgeoisie réactionnaire de second ordre prendrait le reste des mairies, les conseils municipaux et tous les emplois lucratifs.

Quant aux paysans, ils ne demanderaient rien, et nul ne s ongerait à rien demander pour eux.

Cependant il faudrait défendre la monarchie et l'édifice impopulaire dont elle serait la clef de voûte contre les républicains dont le mécontentement public grossirait sans cesse les forces et contre les partisans des autres dynasties. On reprendrait toutes les lois répressives et toutes les pratiques de la Restauration et de l'Empire.

Peut-être jugerait-on nécessaire de maintenir le simulacre d'une Chambre élective; mais il faudrait être maître des élections.

Les maires, devenus les seigneurs de leurs communes, fourniraient tout un personnel d'agents politiques, soutenu et surveillé par les cléricaux, les conseils généraux et les conseils municipaux seraient nommés par des notables désignés par les préfets, toute liberté serait supprimée, on répandrait l'intimidation par des arrestations arbitraires, les journaux placés sous la dépendance des autorités civiles et ecclésiastiques ne parleraient que pour faire leur éloge; les candidatures officielles seraient protégées par un réseau de difficultés qui rendrait toute concurrence impossible, le clergé surveillerait les lectures du peuple, un vaste système d'espionnage s'étendrait sur la société et sur l'armée....

Cependant la nation s'indignerait, et bientôt une révolution violente viendrait châtier les auteurs de ces criminelles folies ; mais, peut-être avant qu'elle n'eût éclaté, une guerre terrible entreprise au nom des clé-

ricaux contre la Prusse et contre l'Italie mettrait-elle
en péril l'existence même de la France.

IX

La morale et l'intérêt public
sous la monarchie et sous la République.

La monarchie serait la négation la plus complète
des droits de la nation ; or du moment où la liberté
publique est étouffée, la vérité politique est faussée, il
y a deux morales dans la société, deux intérêts en lutte
dans le pays.

A côté de la vraie morale qu'édicte la conscience
éclairée par la science et qui est la grande loi de l'hu-
manité, vient se placer la morale monarchique qui
met le devoir envers le prince au-dessus du devoir
envers la patrie. Le maintien des privilèges, la pro-
tection des intérêts sur lesquels la monarchie est fon-
dée, sont érigés en principes sacrés qu'on ne saurait
mettre en doute sans impiété. Parler de droit national
sous les Bourbons, de suffrage universel sous Louis-
Philippe, de liberté sous les Napoléons, c'est saper les
bases de la société et devenir un ennemi public, suivant les fonctionnaires politiques, les courtisans et
tous les professeurs de la morale monarchique.

L'empire, en s'armant de pouvoirs exorbitants contre la presse, déclarait qu'il ne voulait en user « que

dans l'intérêt de la société, de l'ordre et de la morale, »
mais de sa morale à lui, en vertu de laquelle il a fermé
la bouche à tant d'écrivains honorables mais indépendants, et l'empire ne faisait que suivre l'exemple de
toutes les monarchies. Fénelon, Rousseau, Voltaire et
bien d'autres écrivains éminents, ont vu interdire en
France la publication de leurs livres.

La monarchie met deux intérêts en présence, celui
du pays et celui de la dynastie. Ces deux intérêts sont
sans cesse en lutte et le premier est généralement sacrifié.

Voici un homme d'un caractère et d'un talent élevés
et qui pourrait rendre de grands services dans les
hautes fonctions publiques, mais c'est un homme in-
dépendant, il est des abus qu'il ne voudrait pas tolé-
rer, des complaisances auxquelles il ne se prêterait
pas. On l'écarte ou on le combat. Souvent il s'éloigne
de lui-même d'un pouvoir dont il ne veut pas être le
complice. Cet officier, dont nul ne conteste la haute
capacité, deviendrait un général éminent, mais il
n'est pas assez dévoué à la dynastie, il n'aura jamais
un grand commandement. Chacun se dit alors : le
talent, l'instruction, l'honorabilité, à quoi bon ? Il est
des moyens plus commodes d'arriver à la fortune. On
néglige des études qui n'ont plus leur récompense, et
un jour la nation, après avoir suivi une politique que
l'expérience n'éclaire plus, se trouve soudain engagée
dans une lutte terrible; son salut exige un grand dé-
ploiement de science et d'énergie. Elle reconnaît
alors quelle genération d'hommes publics la monarchie a élevée et elle s'effraie elle-même de son épui-
sement.

L'intérêt du pays, c'est l'ordre et l'économie du
budget; mais il faut créer de grands travaux, utiles ou
non, encourager toutes sortes de spéculations, pour

susciter un mouvement d'affaires factice. — C'est l'intérêt de la dynastie [1].

La nation veut développer sa prospérité par le travail et la paix. Mais la monarchie s'est rendue impopulaire, elle voit le pays se détacher d'elle, la gloire militaire peut seule lui rendre son prestige perdu et la force nécessaire pour imposer silence aux réclamations de l'opinion publique. Ou bien un trône est vacant, il faut le disputer à une autre famille royale; ou encore les cléricaux, en lutte avec un autre gouvernement, obligent le monarque qu'ils soutiennent à tirer l'épée pour eux. La nation est précipitée dans la guerre. — Voilà à quels mobiles obéit la royauté; souvent elle en a eu de plus bas et la politique de la France a été livrée aux caprices d'une courtisane.

Dira-t-on que nous sommes injustes envers la mo-

---

1. Exemple, les arrangements si funestes pour le Trésor public que l'empire a faits avec les compagnies de chemin de fer.

Le chemin du Nord, comprenant les lignes de Paris à la frontière belge et à Calais et Dunkerque, avait été concédé pour 38 ans, le 9 septembre 1846. La ligne de Paris à Lyon avait été concédée pour 41 ans et 90 jours, le 21 décembre 1843. La compagnie d'Orléans à Bordeaux avait une concession de 28 ans (adjudication du 9 octobre 1844) qui fut portée à 50 ans par la loi du 6 août 1850. Le chemin de Tours à Nantes avait été adjugé le 25 novembre 1845, pour 34 ans et 15 jours. La ligne de Paris à Strasbourg, avec embranchement sur Reims, Metz et la frontière belge, l'avait été le même jour pour un peu plus de 43 ans, etc....

Mais immédiatement après le coup d'État, toutes ces concessions furent portées à 99 ans, à charge par les compagnies de construire de suite quelques lignes nouvelles.

Cette combinaison avait pour but d'imprimer tout d'un coup une grande activité aux travaux publics. On conçoit combien elle était onéreuse à l'État.

narchie. L'histoire toute entière pourrait répondre. Quelques exemples seulement :

Pourquoi, sous Louis XIV, cette guerre de la succession d'Espagne qui, pendant douze ans, désole l'Europe du nord au midi, et qui, après les défaites de Hochstedt, de Ramillies, de Turin, de Malplaquet, amène l'ennemi au cœur de la France épuisée et ruinée ? Pour assurer un trône au duc d'Anjou, petit-fils de Louis XIV.

Pourquoi, sous Louis XV, cet abandon de la Pologne dont le partage accrut la puissance de la Prusse et scella entre les cours du Nord une alliance si funeste pour nous ? Parce qu'un grand ministre, le duc de Choiseul, avait été sacrifié aux intrigues d'une courtisane, la du Barry [1].

Pourquoi Napoléon Ier a-t-il jeté la France dans ces guerres insensées qui nous ont fait perdre toutes les

---

1. ... Plus tard, quand la royauté fut descendue de Louis XIV à Louis XV, un grand ministre, grand au moins par ses intentions et qui avait beaucoup de lumières, M. de Choiseul, était obligé à son tour de flatter une femme. C'est à ce prix qu'il obtenait la permission de relever notre marine, de reconstituer notre armée. Et quand les goûts du Monarque s'abaissèrent encore et qu'ils descendirent d'une femme élégante à une courtisane cynique, de Mme de Pompadour à Mme du Barry, M. de Choiseul, s'arrêtant dans cette voie de bassesse, s'écria que c'était trop et donna sa démission. Il se retira à Chanteloup. Malheureusement le génie de la France s'y retira avec lui ; cette malheureuse Pologne, qui se débat un siècle après sous le fer de ses oppresseurs, fut partagée ; et Louis XV, dans son imbécile repentir, le grand Frédéric, dans sa joie perverse, s'écriaient l'un et l'autre : « Si Choiseul avait encore été ministre, la Pologne n'eût pas été partagée... » Voilà les misères du gouvernement absolu. (Discours de M. Thiers à la Chambre des députés, le 17 mars 1846.)

conquêtes de la République, qui ont soulevé les dé-fiances de l'Europe et ces haines de l'Allemagne qui, après cinquante ans, ont éclaté d'une façon si terrible? Pour satisfaire son ambition et pour donner des trônes à la famille Bonaparte.

Pourquoi, sous Louis XVIII, cette autre guerre d'Espagne? Pour raffermir le pouvoir d'un Bourbon descendant du duc d'Anjou, pour comprimer le mouvement constitutionnel et assurer le triomphe des cléricaux.

Pourquoi, dès le commencement du règne de Napoléon III, cette guerre de Crimée qui coûta à la France plus de 100,000 soldats morts sur des plages lointaines et 1,500 millions? Pour acquérir à la nouvelle dynastie l'alliance de l'Angleterre, et pour laver dans le sang des champs de bataille, le sang des massacres de Décembre.

Pourquoi la guerre du Mexique, qui coûta tant d'hommes, tant de millions, qui vida tous nos arsenaux, paralysa nos forces au moment décisif, et permit à la Prusse d'établir sa domination sur l'Allemagne? Pour réaliser une spéculation honteuse sur les bons Jecker.

Pourquoi, enfin, cette guerre contre la Prusse dont les souffrances et les humiliations sont encore si près de nous et dont les conséquences pèseront si longtemps sur notre patrie? On le sait trop : après tant d'années d'un despotisme humiliant et tant de fautes commises, l'empire était chancelant, la mort prochaine de l'empereur semblait le terme fatal marqué à sa dynastie. Pour assurer le trône au prince impérial, il ne fallait rien moins que le prestige de victoires récentes et de a frontière du Rhin reconquise.

L'impératrice le comprenait bien. Aidée par M. Rouher et par tous les familiers des Tuileries, elle usa de toute

son influence pour décider l'empereur à la guerre.
— « C'est ma guerre à moi, » s'écriait-elle.

Après les défaites de Reischoffen et de Spicheren qui jetèrent une lumière si terrible sur la situation, il restait un moyen assuré de sauver le pays, c'était de ramener l'armée sous Paris. On rendait ainsi l'investissement de la capitale impossible et on donnait à la France le temps de rassembler toutes ses forces; le conseil de guerre tout entier s'était rangé à cet avis. Mais on craignit que la retraite sur Paris ne fût le signal de la Révolution, et pour tenter le salut de la dynastie, on joua celui de la France dans une tentative désespérée. C'est l'empereur lui-même qui l'avoue dans une lettre qu'il écrivait d'Allemagne, le 29 octobre 1870, au général anglais sir John Burgoyne :

« L'offensive m'était devenue impossible, et je me suis
« résolu à la défensive, MAIS EMPÊCHÉ PAR DES CONSIDÉRA-
« TIONS POLITIQUES, la marche en arrière a été retardée,
« puis est devenue impossible. Revenu à Châlons, j'ai voulu
« conduire la dernière armée qui me restait à Paris, mais
« là encore, DES CONSIDÉRATIONS POLITIQUES m'ont forcé à
« faire la marche la plus IMPRUDENTE et LA MOINS STRATÉ-
« GIQUE qui a fini par Sedan. »

Ces considérations politiques, c'était l'intérêt de la dynastie, qui a causé la ruine et le démembrement de la France.

La monarchie a donc fatalement pour conséquences, à l'intérieur la corruption, au dehors les guerres entreprises dans un intérêt dynastique. Que ce soient les Bourbons ou les Bonapartes, le principe du gouvernement est le même, c'est de sacrifier la nation à une famille.

La République, au contraire, n'a point d'intérêt contre l'intérêt public, point de morale contre la morale, point de volonté contre le suffrage universel ; elle n'est point le gouvernement d'un parti, elle est ouverte à tous. Pour se maintenir elle n'a besoin que de gérer honnêtement les affaires publiques et d'être dirigée par les plus éclairés et les plus dignes.

X

La sécurité à l'intérieur et au dehors sous la monarchie et sous la République.

La sécurité à l'intérieur. — Pendant longtemps, on a exploité la peur contre la République, on a parlé du partage des biens, de la propriété et de la famille menacées. Ces pitoyables inventions dont le peuple rit aujourd'hui, méritent à peine qu'on les discute. L'histoire toute entière n'offre pas un exemple du partage des biens. La propriété menacée ! Comment et par qui ? Le mouvement de la civilisation a précisément pour effet de diminuer progressivement l'inégalité des conditions. Si jamais elle a créé un danger, c'était à l'époque où l'esclave était réduit à travailler pour le maître, où lorsque le serf était attaché à la glèbe sur les immenses domaines de la noblesse féodale et du clergé. Nous sommes heureusement loin de ces temps. La France est un des pays où la propriété est le plus divisée ; le cadastre comprend 126 millions de parcelles réparties entre près de 12 millions de cotes individuelles, ce qui représente au moins 7 millions de propriétaires.. Le nombre des propriétés bâties attein t à lui seul 7 millions.

Les rentes sur l'Etat, les actions et les obligations des sociétés industrielles forment un capital énorme et réparti dans des millions de mains. Jamais, à aucune époque, en aucun pays, la propriété n'a eu des garanties aussi puissantes, et pourtant la France est le seul pays de l'Europe qui se soit laissé tromper par des craintes imaginaires au point d'y sacrifier sa liberté.

L'Angleterre dont le sol presque tout entier appartient à 50,000 familles et qui a des misères bien plus nombreuses n'a jamais éprouvé ces terreurs extravagantes.

Cependant certaines personnes ne renonceront jamais à parler du *danger social*, elles ont toutes des places à conserver, des influences à rétablir, ou des princes à restaurer.

Ces mêmes personnes affectent une grande terreur des radicaux. Qu'est-ce qu'un radical ? Cela varie suivant le point de vue de chacun : Pour les monarchistes, tout républicain est un radical. Quiconque soutient les universités de l'Etat est un radical pour les cléricaux, le radical d'un préfet c'est le député qui veut qu'on le change, et l'on a imprimé cent fois que M. Thiers est le chef des radicaux.

Peut-être, au moment des élections, il se trouvera dans les grandes villes, quelques énergumènes pour tenir des discours insensés. Au besoin les partis monarchistes chargeraient leurs agents de ce soin. Et le lendemain, leurs journaux publieront à grand bruit des passages choisis de ces discours. Qu'est-ce que cela pourra prouver? Tous les partis n'ont-ils pas des gens extravagants ou exaltés. — On a abusé de cette tactique à la fin de l'Empire, et dans la crainte d'un mal imaginaire, la France a voté le plébiscite qui nous a conduits à l'invasion.

Mais enfin, quel rapport prétend-on établir entre ces dangers chimériques et la République, et comment le *péril social* pourrait-il devenir une raison de voter pour des cléricaux et des monarchistes, bonapartistes ou bourboniens?

Certaines personnes se figurent que la monarchie offre plus de garanties de tranquillité, qu'elle est plus forte contre le désordre que la République. Pour peu qu'on réfléchisse, c'est exactement le contraire qui est vrai.

L'établissement de la monarchie n'aurait pas pour effet de supprimer *ces radicaux* qu'on affecte de craindre ; elle assurerait au contraire leur triomphe prochain.

La monarchie, en effet, trouverait devant elle le parti républicain tout entier qui l'a tant de fois renversée et dont la force s'est si considérablement accrue. Elle aurait recours à toutes les mesures de compression que nous avons décrites, mais chacune de ces mesures deviendrait contre elle un nouveau grief. Bientôt la nation se soulèverait toute entière, et les partis extrêmes reprendraient pour quelque temps la puissance qu'ils acquièrent au lendemain d'une révolution.

Sous la République, au contraire, toutes les forces de la nation se trouvent réunies contre l'insurrection, ou plutôt l'insurrection n'a plus de raison d'être : quand chacun est libre de produire ses idées, de les faire prévaloir par la persuasion, quand la politique et le personnel du gouvernement peuvent changer sans qu'il en résulte aucun trouble, l'appel aux armes est une coupable folie à laquelle nul ne songe.

Seules la justice et la liberté violées provoquent et justifient ces revendications passionnées et ces indignations qui soulèvent un peuple et lui font braver tous les périls. Dès que ces grands intérêts sont hors de cause, la paix se fait dans les esprits, les discussions politiques se réduisent le plus souvent à des questions d'affaires, et d'elles-mêmes elles se modèrent, les emportements de langage ne trouvent plus d'écho et l'opinion publique fait justice des exagérations par le discrédit dont elle les frappe.

Sans doute, les monarchistes songeront longtemps encore à renverser la République, et aucun parti n'a eu plus souvent recours à la force et à la guerre civile, témoins les dragonnades de Louis XIV, la Vendée, l'armée de Coblentz, les désordres du Midi, la terreur blanche en 1815 et tous les coups d'État. Mais quand le pouvoir est dans des mains honnêtes, les coups d'État ne sont pas à craindre; la situation de la France à l'intérieur et à l'étranger les rend d'ailleurs impossibles, et si les royalistes descendaient dans la rue, il n'y aurait pas même besoin d'appeler la garde, la risée publique ferait justice de leur tentative.

La République n'a donc à redouter aucune insurrection [1].

___

1. On objectera peut-être la Commune. Mais si une Monarchie quelconque eût existé, la Commune l'eût cent fois renversée, l'Assemblée de Versailles elle-même eût été brisée en quelques heures, si les républicains ne l'avaient soutenue. L'affreuse insurrection de la Commune est d'ailleurs le résultat d'une situation qui ne se renouvellera plus, et Paris lui-même l'eût étouffée dès ses débuts, si l'on n'avait partout accrédité le faux bruit que l'Assemblée allait proclamer un roi.

Il existera encore quelques insensés sans crédit, des hommes déclassés et irrités par la mauvaise fortune, des malfaiteurs frappés par la justice, qui de tout temps poussent volontiers au renversement de l'ordre établi, quel qu'il soit. Mais ce sont des individus isolés, sans opinion politique, qui n'ont rien de commun entre eux. Ils ne forment point un parti, ce ne sont pas eux qui amènent les révolutions, ils tâchent seulement de se mettre à la suite du parti qui les fait. La République leur enlève cette ressource.

Pour nous résumer, sous la République, il n'y a d'autres agents de renversement que les malfaiteurs. C'est la condition de sécurité la plus complète qu'on puisse concevoir.

La Sécurité au dehors. — La République seule peut donner à la France, dans la situation précaire que la dernière guerre lui a faite, la force nécessaire pour assurer sa sécurité au dehors.

Le despotisme, en détruisant toute vie publique, en enlevant aux hommes tous les grands sujets de préoccupation, brise tous les ressorts de l'énergie nationale. Les individus, renfermés dans la vie privée, se désintéressent des affaires de la nation qui bientôt leur sont tout à fait étrangères, les jouissances matérielles deviennent leur seul idéal ; la seule ambition permise, celle de la richesse qui les procure, développe une fièvre de spéculation qui décourage le travail honnête. Quand un peuple en est arrivé là, il ne faut plus lui demander ce dévouement, cette abnégation poussée jusqu'au sacrifice de la vie qui sont les vertus d'une armée. En détruisant la liberté, on a tué le patriotisme ; le citoyen se sacrifie pour sa patrie ; le sujet aujourd'hui ne se sacrifie plus pour son maître.

Une autre condition de la puissance d'un pays, c'est

l'accord de la nation et de son gouvernement ; cet accord dirige toutes les intelligences et tous les efforts vers un seul but, l'intérêt du pays. Combien de forces perdues dans ces luttes politiques que suscite un gouvernement monarchique eu opposition avec le sentiment national !

La monarchie qui, pendant la paix, se donnerait l'apparence de la force par la compression qu'elle exercerait, deviendrait, en cas de guerre, le plus faible de tous les pouvoirs. Inquiète du côté de l'intérieur, elle serait obligée de diviser ses forces. On la rendrait responsable de toutes les fautes commises, et la première défaite aurait pour conséquence une révolution.

Enfin la monarchie qui serait forcément dominée par les cléricaux, ne trouverait pas d'alliés. Le Syllabus, en proclamant les prétentions de l'Église, a modifié sa situation vis à vis des états, et tous les gouvernements de l'Europe sont plus ou moins en lutte contre les envahissements de Rome.

En voyant la France sous la direction des ultramontains, l'Italie se jetterait dans les bras de la Prusse, et la guerre, sans doute, ne se ferait pas attendre, d'imprudentes publications en fourniraient au besoin le prétexte. Rome peut-être nous y pousserait elle-même, dans l'espoir de détruire l'Italie et de rétablir sa domination en Allemagne, et la France combattant pour une telle cause, aurait contre elle toutes les sympathies de l'Europe et serait réduite à l'isolement le plus complet.

XI

Les réformes nécessaires sous la monarchie et sous la République.

Il faudrait une longue étude pour développer toutes les conséquences opposées de la Républiqne et de la Monarchie. On se contentera de signaler un dernier point de vue. La Monarchie est forcément le gouvernement du passé et de la routine ; la République seule peut être un gouvernement progressif et réaliser les grandes réformes dont la France a besoin pour se relever.

Ce caractère différend ne tient pas seulement à la nature des deux gouvernements, il est dû aussi à la composition des partis qui les soutiennent.

L'immense majorité de la nation veut un grand développement de l'enseignement primaire. Au lendemain de la guerre, tout le monde semblait d'accord pour rendre cet enseignement obligatoire et gratuit; un projet de loi en ce sens fut présenté il y a quatre ans déjà. Mais les cléricaux sont hostiles à toute extension de l'enseignement de l'État. Ce qu'ils veulent, c'est s'emparer de l'instruction publique pour élever des générations qui renient les principes de 1789. La loi sur l'enseignement primaire est restée à l'état de projet; mais on a voté une loi qui permet de fonder des universités cléricales.

Veut-on introduire des réformes dans l'administration, dans l'armée, dans les finances, ces réformes froisseraient des intérêts que la Monarchie protége, parce qu'ils lui servent d'appuis ; tout abus, tout privilége est essentiellement lié à sa cause et sera immortel en France, tant que les monarchistes occuperont le pouvoir.

XII

Tactique des partis monarchiques.

CONCLUSION

Pour que la République nous assure la liberté et la paix, pour qu'elle relève la France et qu'elle réalise les progrès que le pays réclame, il faut qu'elle ne soit pas gouvernée par des monarchistes. Ici commence le devoir des électeurs; leur avenir est dans leurs mains.

Il s'en faut de beaucoup que tous les ennemis de la République avouent franchement leurs opinions et leurs projets. Un grand nombre déclarent qu'ils acceptent la Constitution. Mais elle n'est pour éux qu'une sorte d'armistice légal, pendant lequel ils comptent bien préparer la réalisation de leurs desseins.

Les hommes qui, au 24 mai, ont renversé **M.** Thiers, établi le gouvernement de combat et donné toutes les fonctions publiques à leurs partisans, ont quelques mois après, dévoilé leur véritable but en essayant de restaurer le comte de Chambord.

Des intrigues monarchistes ont longtemps paralysé l'industrie et le commerce. Enfin l'Assemblée est parvenue à faire la Constitution qui reconnaît la République.

Après avoir tout mis en œuvre pour empêcher qu'elle ne fut votée, un grand nombre de monarchistes ont à la dernière heure, donné leurs voix à cette Constitution.

Avaient-ils abandonné leurs opinions, renoncé à leurs espérances ? En aucune façon. Mais ne pouvant restaurer la monarchie dans le présent, ils voulaient se réserver l'avenir.

Ils espéraient d'abord diviser le centre gauche, et en lui accordant le mot République, garder pour eux la chose, s'emparer du Sénat et rester les maîtres du gouvernement.

L'élection des sénateurs à l'Assemblée a fait justice de cette nouvelle intrigue.

Certains monarchistes se proposent sans doute aussi d'écrire : *République française,* au-dessus de leurs professions de foi et de déclarer bien haut que la République *est le gouvernement légal de la France.* Ils espèrent ainsi faire illusion au pays, obtenir ses suffrages et conserver leur influence.

Ces déclarations ne signifient rien, sinon qu'ils sont bien obligés d'obéir à la loi tant qu'elle existe. Or ils feraient en sorte qu'elle n'existât pas longtemps.

Ils n'ont en effet voté la Constitution que parce qu'elle contient un article QUI PERMET DE LA RÉVISER DANS 5 ANS, et même plus tôt sur la proposition du président.

La tactique des monarchistes, c'est de s'emparer de toutes les places, de toutes les situations, de dominer dans les Chambres, si bien que le jour de la révision venu, ils n'auraient plus qu'à rappeler le roi. Alors ils diraient: Nous avons reconnu la République parce qu'elle était *le gouvernement légal*. Mais aujourd'hui c'est la monarchie.

Ils ne seront pas plus heureux devant le pays que devant l'Assemblée.

La France ne veut point DES RÉPUBLICAINS DE CINQ ANS.

Elle repousse ces prétendus conservateurs QUI, SOUS LA RÉPUBLIQUE, CONSERVENT LA MONARCHIE.

Les seuls républicains sont ceux qui veulent que la République soit le GOUVERNEMENT DÉFINITIF DE LA FRANCE.

Il est d'ailleurs facile de ne point se laisser abuser par les beaux programmes et les fausses promesses.

Ce qu'on doit considérer avant tout, c'est le passé des candidats. Il faut repousser tous ceux dont la conduite a été équivoque, et ne croire à aucune conver-sion qui se produit à la veille du scrutin.

Toute candidature officielle serait une atteinte à la liberté publique, elle devrait être repoussée par les électeurs.

De telles candidatures sont en effet contraires à l'esprit de nos institutions. Le président de la République est le premier fonctionnaire de l'État, élu à temps par l'Assemblée nationale. Mais la Constitution, en déclarant qu'il n'est responsable qu'en cas de haute trahison, l'a mis en dehors et au-dessus des luttes des partis. Comme un souverain constitutionnel, il doit se conformer à la politique de la majorité des Chambres et choisir des ministres qui soient les représentants de cette politique. Il ne do donc rien faire pour empêcher la majorité de se former librement.

Le président de la République a trop le sentiment de sa dignité pour sortir de la haute situation ou la Constitution l'a placé, en se faisant le champion d'un parti.

Les préfets et les fonctionnaires publics qui, oubliant leurs devoirs, mettraient leur influence au service des candidats, s'exposeraient à toutes les chances de la lutte où ils se seraient engagés.

Aux termes de l'art. 6 de la loi sur l'organisation des pouvoirs publics, les ministres sont solidairement responsables devant les Chambres de la politique générale du gouvernement, et, individuellement, de leurs actes personnels.

Le ministère, qui dépend ainsi entièrement des Chambres, ne doit point se servir de son pouvoir pour peser sur l'élection qui les compose. Il ne saurait avoir de candidats officiels, moins encore leur donner un patronage efficace. Toute pression qu'il tenterait d'exercer serait un acte blâmable dont les prochaines Assemblées pourraient lui demander compte.

L'existence du ministère dépend aujourd'hui des élections; devant les électeurs réunis dans leurs comices, les ministres ne sont que des candidats.

FIN.

TABLE DES MATIÈRES

INTRODUCTION. — La République et les partis monarchiques.. 5

I. — Opinions générales de la France........... 11

II. — La Liberté et le Gouvernement.............. 19

III. — Principes des Gouvernements libres. — Reprèsentation nationale. — Division des pouvoirs. — Responsabilité de tous les dépositaires de l'autorité publique........ 22

IV. — Comment on trompe le peuple. — Le Plébiscite. — La Constitution de 1852......... 29

V. — La République et la Monarchie constitutionnelle... 37

VI. — La Monarchie constitutionnelle n'est plus possible en France...................... 41

VII. — Les Gouvernements personnels........... 51

VIII. — Ce que serait la Monarchie............... 54

IX. — La morale et l'intérêt public sous la Monarchie et sous la République...............   57

X. — La sécurité à l'intérieur et au dehors sous la Monarchie et sous la République.........   63

XI. — Les réformes nécessaires sous la Monarchie et sous la République...................   69

XII. — Tactique des partis monarchiques. — Conclusion........   70

Imp. Eugène HEUTTE et Cie, à Saint-Germain

www.ingramcontent.com/pod-product-compliance
Lightning Source LLC
LaVergne TN
LVHW050102060726
842524LV00003B/889